Depoimentos sobre Chico Xavier

Depoimentos sobre Chico Xavier

Organizadores:
Antonio Cesar Perri de Carvalho
Oceano Vieira de Melo

Entrevistadores:
Antonio Cesar Perri de Carvalho
Marta Antunes Moura
Oceano Vieira de Melo

Participação especial:
Altivo Ferreira
Arnaldo Rocha

Federação Espírita Brasileira

ISBN 978-85-7328-647-2

NRBN

1ª edição – *Do 1º ao 5º milheiro*

000.5-O; 4/2010

Capa e projeto gráfico: Julio Moreira

Transcrição: Michel Kahan Apt

Composição e editoração:
Departamento Editorial e Gráfico – Rua Sousa Valente, 17
20941-040 – Rio de Janeiro (RJ) – Brasil
CNPJ nº 33.644.857/0002-84 I.E. nº 81.600.503

Pedidos de livros à FEB – Departamento Editorial
Tel.: (21) 2187-8282, FAX: (21) 2187-8298.

CIP-BRASIL. CATALOGAÇÃO-NA-FONTE
SINDICATO NACIONAL DOS EDITORES DE LIVROS, RJ.

D469

Depoimentos sobre Chico Xavier / organizadores Antonio Cesar Perri de Carvalho e Oceano Vieira de Melo; entrevistadores Antonio Cesar Perri de Carvalho... [et al.]. – Rio de Janeiro: Federação Espírita Brasileira, 2010
188p.: il.; 23cm

Projeto Centenário de Chico Xavier
ISBN 978-85-7328-647-2

1. Xavier, Francisco Cândido, 1910-2002. 2. Espíritas – Brasil – Biografia. 3. Espiritismo – Brasil – História. I. Carvalho, Antonio Cesar Perri. II. Melo, Oceano Vieira de. III. Projeto Centenário de Chico Xavier.

10-0858. CDD 920.913391
CDU 929:133.9XAVIER, FRANCISCO C.

26.02.10 05.03.10 017820

Sumário

ESCLARECIMENTOS INICIAIS

Com o objetivo de resgatar informações sobre a vida de Chico Xavier e de preservar a sua memória, o pesquisador e documentarista espírita Oceano Vieira de Melo planejou e deu início à execução do presente trabalho.

Coincidentemente, ao analisar propostas para a comemoração do centenário de Chico Xavier, que ocorriam durante as reuniões das Comissões Regionais do Conselho Federativo Nacional da Federação Espírita Brasileira, surge a sugestão de elaboração de um *kit*, contendo os depoimentos com mais de 300 minutos na mídia DVD e este livro, sobre o extraordinário médium brasileiro.

Por delegação do presidente da FEB, esse plano começou a ser executado em meados do ano de 2008. Atuaram como entrevistadores Antonio Cesar Perri de Carvalho, Marta Antunes Moura e Oceano Vieira de Melo, com participação especial de Altivo Ferreira e Arnaldo Rocha.

O Conselho Federativo Nacional da Federação Espírita Brasileira aprovou, na Reunião Ordinária de novembro de 2008, o "Projeto Centenário de Chico Xavier", do qual faz parte o presente trabalho.

Chico Xavier tem infindáveis amigos e contou com muitos colaboradores. Há cerca de duas centenas de livros sobre sua vida. Este não deveria ser mais um livro biográfico, de casos sobre o médium. Com dificuldade compreensível — em função da definição da diretriz a ser dada a esta obra

— optou-se pelo planejamento de uma coleta de depoimentos, com prioridade para parentes do médium e antigos lidadores espíritas das cidades de Pedro Leopoldo (MG) e de Uberaba (MG), que tiveram contatos bem próximos com Chico Xavier, e também sua anfitriã rotineira em São Paulo.

A título de contribuição com a memória de Chico, foram também incluídos: entrevista com antiga funcionária da FEB, que manteve com o médium vários contatos entre 1950 e 1970; fatos significativos ligados à mídia; a seleção de apenas um caso de mensagem espiritual familiar; e a repercussão de informações e orientações de caráter científico.

Nos diálogos há várias informações que nos parecem inéditas. Mantivemos o estilo pessoal e a forma de expressão até coloquial dos entrevistados.

Depoimentos sobre Chico Xavier deve ser um estímulo à reflexão sobre a experiência de vida do médium e ao estudo de sua portentosa obra psicográfica.

Brasília (DF), novembro de 2009.

ANTONIO CESAR PERRI DE CARVALHO
Diretor da FEB e coordenador do
"Projeto Centenário de Chico Xavier"

1. ANÁLISE DO PRESIDENTE DA FEB

1.1 **Dr. Nestor João Masotti**

Presidente da Federação Espírita Brasileira e Secretário-geral do Conselho Espírita Internacional - CEI.

P. - Qual a importância de Francisco Cândido Xavier na história da Humanidade?

Dr. Nestor João Masotti - Nós temos dificuldade para avaliar de fato a presença de Chico Xavier no mundo e o trabalho realizado por ele. Entendemos que há dois momentos significativos na história da Humanidade, praticamente vinculados à presença do Consolador prometido por Jesus, que acreditamos, sem dúvida, ser a Doutrina Espírita. Um momento que achamos bem significativo é que, diante do fenômeno da mesa girante — que foi algo espontâneo —, Allan Kardec resolveu analisar o fenômeno de maneira objetiva. O fenômeno mediúnico não é algo novo na Humanidade, sempre existiu; mas foi analisado objetivamente pela primeira vez com Kardec, que dizia: "Estamos diante de fatos e todos os fatos têm suas leis. Vamos conhecer essas leis para melhor utilizá-las". E o trabalho dele consistiu justamente nisso, desvendar melhor esse fenômeno da comunicação entre homens e espíritos. E pela análise desses fenômenos, ele chegou à convicção da imortalidade, da vida no mundo espiritual, à certeza de que este nada mais é do que a presença dos homens que já desencarnaram.

Então, o momento em que a mediunidade passou a ser estudada cientificamente, entendemos que foi extremamente significativo para a Humanidade. Outro momento, que é diretamente ligado a esse — e aqui dizemos que temos o maior respeito por todos os médiuns que já estiveram na Terra, que participaram do surgimento da Doutrina Espírita, aqueles operários anônimos que, com seu esforço e trabalho, conseguiram fazer com que as ideias seguissem adiante, mantiveram a convicção da imortalidade da alma —, indubitavelmente a presença de Chico Xavier na Terra teve um caráter muito mais significativo, porque, do ponto de vista da mediunidade, foi a mais pura e mais ampla antena da espiritualidade no mundo, casada com uma alma totalmente voltada à vivência do Evangelho de Jesus.

Uma das coisas muito importantes que observamos em toda a vida de Chico é que ele conseguiu nos mostrar a todos que, para se colocar em prática a Doutrina Espírita como os Espíritos superiores a trouxeram, não é necessário mudar nada, é colocar em prática plenamente aqueles princípios, vivenciando o Evangelho como ele se encontra pelos ensinos que Jesus deixou, com o conhecimento da Doutrina Espírita e a visão da mediunidade que a Doutrina aborda como sustentação desse caminho. Nós vemos hoje que a obra de Chico Xavier e o exemplo dele, conhecidos e divulgados, têm sido elementos fundamentais para facilitar o estudo, a divulgação e a prática da Doutrina Espírita.

P. – Como o senhor analisa o homem Chico Xavier, que trouxe toda essa bagagem mediúnica diante da sociedade brasileira, e deixou essa obra extraordinária?

Dr. Nestor João Masotti – Foi um ponto muito importante que ele deixou como exemplo a ser seguido por todos nós. Porque é uma questão muito clara: a mediunidade em si nos proporciona a convicção de nossa imortalidade. Por ela, sabemos que somos seres imortais e que temos uma caminhada para desenvolver, ascensional, no que diz respeito ao nosso próprio aprimoramento — uma Lei que emana de Deus. Mas a prática nesse sentido — o caminho a ser trilhado, os desafios que isso implica — representa um testemunho no cotidiano.

Todos nós nos convencemos da beleza da Doutrina Espírita, mas cada um reage de acordo com sua própria possibilidade, o que não podia ser diferente, já que cada um tem seu grau de conhecimento, experiência; e, naturalmente, tudo isso é levado em conta quando nos movimentamos para colocar em prática os princípios espíritas. É muito comum encontrarmos companheiros que se lamentam, dizendo que conhecem bastante da Doutrina, que a aceitam, mas a todo o momento se veem às voltas com condutas contrárias ao que ela preconiza no campo moral. É uma postura compreensível, já que somos espíritos imperfeitos, e que só agora temos convicções mais seguras a respeito da necessidade de nosso próprio aprimoramento.

Chico, nesse sentido, mostrou-se um exemplo próximo a ser seguido — no atendimento aos mais simples, a necessidade das pessoas —, renunciando ao máximo a tudo em benefício do próximo. Então nós temos na figura dele alguém que, de fato, vivenciou o Evangelho. Jesus ensinou para nós um exemplo da Lei que emana de Deus, que é a de amar a Deus sobre todas as coisas, ao próximo como a si mesmo. Mas o próprio Cristo, avançando na questão da prática do amor, deixou para nós uma chamada, dizendo: "Um novo mandamento vos dou: que vos ameis uns aos outros assim como eu vos amei", ou seja, é um amor muito mais profundo, de doação plena, de renúncia.

E o que nós vemos na pessoa de Chico — no trabalho feito, no atendimento a milhões de seres encarnados e desencarnados que bateram à sua porta buscando orientação, socorro, alívio, diretriz, um gesto de amor ou respeito — é o exercício do amor pleno a que Jesus se refere, amando incondicionalmente, como ele mesmo fazia questão de repetir, amar por amar, querer bem, e mostrar que esse é o caminho natural quando estamos convencidos de nossa própria imortalidade e de que os tesouros que precisamos conquistar são aqueles espirituais, no campo da ampliação de nosso conhecimento e da conquista das virtudes que ainda não temos, as quais são nossa capacidade de amar o próximo cada vez mais e melhor. E o Chico é o exemplo disso. E nos lembramos dele a esse respeito em muitos momentos. É muito comum em nosso trabalho espírita cotidiano lembrarmos que Chico fez isso, comentou aquilo, sempre com a autoridade de quem estava vivenciando o que fazia ou comentava. Este é um ponto altamente significativo na trajetória desse extraordinário Espírito, que continua a projetar sobre nós as bênçãos do seu exemplo.

P. – Quando a população foi convocada para eleger o Brasileiro do Século, mesmo com uma enorme quantidade de concorrentes de peso, o nome escolhido foi o de Chico Xavier. Qual a importância dessa escolha feita pelo povo brasileiro para o Movimento Espírita e para o próprio Chico Xavier?

Dr. Nestor João Masotti – O que observamos, nessa reação natural e compreensível dos homens, é o reconhecimento do amor como algo muito importante em nossas vidas, porque, o que temos acumulado pelo tempo — o conhecimento — muitas vezes acaba deixando esquecida a questão do sentimento, do amor como algo importante no relacionamento humano.

A virtude da prática da fraternidade não é algo que dispense a racionalidade. Pelo contrário, à medida que ampliamos nosso conhecimento, temos condições de compreender a importância de amar o próximo, e começamos a dar a essa nossa ação um sentido prático, coerente e lógico. Daí a mensagem clara da Doutrina Espírita, quando destaca que fé inabalável é só "aquela que pode encarar a razão face a face em todas as épocas da Humanidade".

Mas, se de um lado temos a sustentação lógica daquilo que devemos fazer no campo do bem, outro importante ponto é que nós venhamos de fato a colocar em prática o campo do bem. E o que sentimos na Humanidade hoje é a sede de fraternidade, de manifestação de amor ao próximo. E quando surge alguém que, de forma efetiva, constitui-se polo de difusão e de vivência desse princípio de amor, essa pessoa realmente aglutina, aproxima, reúne a multidão.

Um exemplo disso, respeitadas as devidas proporções, é o caso do próprio Cristo, que esteve conosco há mais de dois mil anos, e sua presença foi tão marcante, assim como seus gestos, que acabaram dividindo a História em antes e depois dele, e até hoje ainda tentamos ampliar a nossa compreensão a respeito de seu trabalho. E nós temos compreendido pelo estudo do Evangelho e dos livros que Chico nos deixou, assim como a própria presença do Chico, que o amor é a base de tudo. Emmanuel destacava que o amor é fundamental em todo o processo de convencimento, porque envolve as pessoas num sentido positivo.

Então, quando vemos uma reação como essa, em que uma grande população que representa um país reconhece em Chico Xavier a expressão do amor e da fraternidade, como uma das pessoas mais importantes, como de fato é, vemos que há uma consciência gradativa no sentido de valorizar a prática do amor à nossa existência.

E quando estamos num mundo hoje ainda em condição de expiação e provas — em trânsito para a condição de mundo de regeneração, em que o conhecimento do caráter espiritual da vida será mais forte, e naturalmente o convite para a melhoria interior será também mais vigoroso —, nós observamos que a Humanidade, de forma gradativa, vai saindo daquela postura de sustentação mais sólida no egoísmo, na violência e no orgulho, e começa a criar as condições interiores nos próprios homens e na sociedade, as condições necessárias à prática do amor.

E o Chico continua sendo uma referência para todos nós nesse comportamento, que será básico para o mundo de amanhã. Jesus mesmo dizia que chegará o momento em que haverá um só rebanho sob a égide de um único pastor, que é e será Ele, sem dúvida. Também disse que seu Reino ainda não era deste mundo. Mas quando tivermos realmente um único rebanho e pastor, e o Reino de Cristo estiver aqui, a prática da solidariedade será um processo natural de vida, e a referência do Chico será sempre lembrada como algo que um ser humano pode fazer e que servirá de estímulo para que enfrentemos nossas próprias falhas e procuremos desenvolver a potencialidade de amar que todos nós possuímos.

P. – Qual a importância da obra psicografada por Chico Xavier entregue à FEB?

Dr. Nestor João Masotti – A FEB tem como objetivo, até estatutário, o estudo, a difusão e a prática da Doutrina Espírita com base na Codificação de Allan Kardec e no Evangelho de Jesus. Além disso, cabe a nós a responsabilidade de desenvolver atividades no campo da caridade ampla e promover o trabalho de união dos espíritas e de unificação do Movimento Espírita.

Quando observamos a obra de Allan Kardec, não há dúvida de que vemos ali a base de tudo; não há Espiritismo sem a obra da Codificação, mesmo porque foi ele que deu à Doutrina que os Espíritos superiores trouxeram o nome de Espiritismo. Cabe observar, todavia, que era necessário para todos nós um processo de ampliação da tarefa que Kardec desenvolveu. Ele teve um desafio enorme para separar aquilo que era opinião daquilo que se mostrava consistente, verdadeiro; que refletia as diretrizes dos Espíritos superiores.

E seu trabalho foi tão primoroso que, desde o lançamento de *O Livro dos Espíritos* em 1857, até agora, num período em que a Humanidade mais cresceu no tocante à ciência e à tecnologia, nada do que foi colocado na Codificação foi questionado. Ao contrário, o desenvolvimento científico e tecnológico vem comprovar, sustentar as ideias lógicas que a Doutrina Espírita propõe.

A obra de Chico Xavier, nesse caso, facilita o processo de aplicação dos conhecimentos adquiridos com a Codificação. Permite uma compreensão mais ampla, em especial quando vemos a obra de André Luiz por exemplo, que nos relata sobre a vida espiritual, inclusive no tocante ao próprio trabalho espírita: como é vista desde lá a faculdade mediúnica; como se prepara uma reunião mediúnica; como os Espíritos agem ajudando as pessoas diante de seus problemas; como se processa o ato de prece no sentido de se atender ao apelo.

Então, sem dúvida, a obra do Chico ampliou bastante o leque de compreensão da obra que Kardec nos deixou, dando condições para que a prática seja mais fácil por parte dos espíritas, assentando também toda essa prática dentro dos princípios morais que a Doutrina Espírita preconiza, mas que na obra do Chico ganha uma dimensão até mais ampla. É em decorrência disso que a FEB vem se empenhando ultimamente em colocar essas obras do Chico também à disposição de outros países, em outros idiomas, porque sentimos a responsabilidade de receber obras como essas que o Chico recebeu e que estão sob os cuidados da FEB. E esse cuidado implica divulgar a obra e preservar sua autenticidade, tal como o original foi entregue, para que no futuro a Humanidade possa continuar a receber os esclarecimentos que a Espiritualidade Superior nos trouxe por meio da mediunidade deste homem extraordinário — Chico Xavier.

Hoje, nosso grande desafio é esse, a par do esforço de continuar divulgando a Doutrina Espírita em todos os aspectos, da tarefa de procurar também unir os espíritas dentro de princípios básicos da Doutrina, dando a todos o direito e a liberdade de pesquisar, avaliar e trazer sua contribuição pessoal no campo do próprio crescimento doutrinário. Além disso tudo, o empenho da FEB hoje é preservar essa obra e traduzi-la em todos os idiomas possíveis, possibilitando a todos, indistintamente, o conhecimento do ensino que vem por meio de Emmanuel, André Luiz, enfim, dos Espíritos que colaboraram e contribuíram na obra do Chico.

Há pouco tempo, um amigo espiritual comentava que existem no mundo, hoje, muitos homens maduros o suficiente para compreender e aceitar a Doutrina Espírita. O problema, porém, é que a Doutrina não chegou ainda até eles. Isso nós entendemos que foi um apelo muito sério a todos nós para que colocássemos a Doutrina Espírita ao alcance, a serviço da Humanidade inteira, em todos os lugares e línguas, possibilitando que todas as pessoas, indistintamente, conheçam e avaliem, aceitando aquilo que sua liberdade permitir. É importante que o benefício que a Doutrina Espírita nos tem proporcionado chegue também aos corações e casas de todas as pessoas espalhadas ao redor do planeta.

P. – Qual a importância de Emmanuel na vida de Chico Xavier e em nossas também, aprendizes que somos do Evangelho?

Dr. Nestor João Masotti – Emmanuel nos esclarece a respeito dele mesmo nos romances que nos deixou. Em *Há dois mil anos*, especialmente, nos relata a experiência dele como senador romano e também o encontro com Jesus, e depois todas as consequências desse encontro.

Como se trata de um Espírito de cultura e conhecimento muito vastos, vemos o benefício de sua experiência na contribuição para a difusão da própria Doutrina Espírita. E pelo que Chico nos informava, e que se configura de maneira perfeitamente lógica, na condição do padre Manoel da Nóbrega, vemos que ele agiu aqui no Brasil, logo no começo da existência de nosso país, naturalmente inspirado pelos Espíritos superiores, que já sabiam das destinações da terra brasileira, vemos que ele imprimiu aqui um caminho novo em relação à divulgação do próprio Evangelho.

Porque, enquanto observávamos na Europa uma luta muito grande para a difusão do Evangelho, a defesa das ideias cristãs, do próprio Cristo, com acertos e erros compreensíveis em função ainda da inferioridade que nos caracteriza como seres humanos, vemos que Emmanuel, com outros Espíritos também afinados com esse propósito, procurou desde o começo, aqui no Brasil, resgatar o Evangelho em sua expressão mais pura e autêntica, que aconteceu na Galileia e na vivência plena de Jesus.

E esse contato com o Evangelho em sua expressão mais primitiva nos tem ajudado a compreender a mensagem da própria Doutrina Espírita e a trabalhar no sentido de colocar esses ensinamentos em prática. Sem dúvida, Emmanuel, que, através de várias reencarnações, nunca negou seu amor ao Evangelho, trouxe para nós uma contribuição enorme para resgatar o Evangelho em sua expressão mais autêntica e mais nobre, que deve nos servir de base para esse novo mundo que em breve deverá surgir.

2. CHICO XAVIER EM PEDRO LEOPOLDO

2.1 **D. Cidália Xavier de Carvalho**

Irmã de Chico Xavier, residente em Pedro Leopoldo.

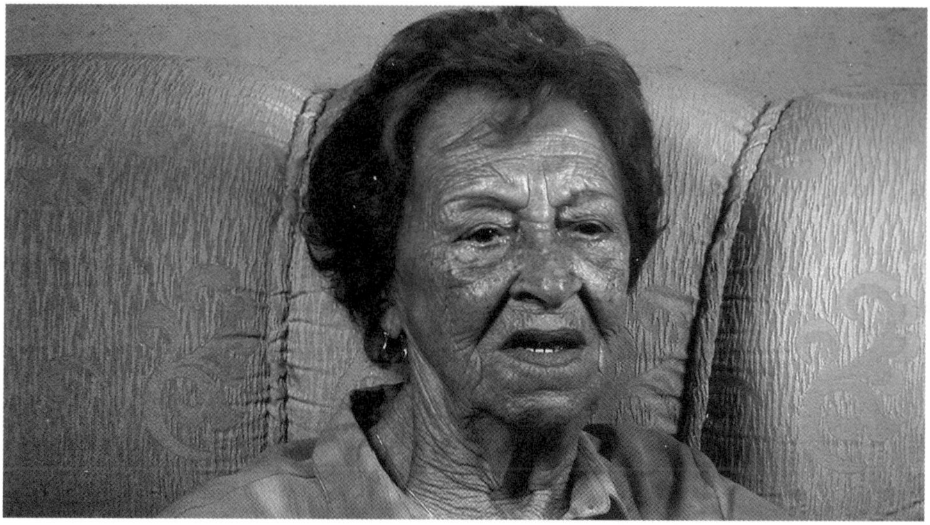

P. – O que a senhora se lembra da infância com seus irmãos?

D. Cidália Xavier de Carvalho – Foi com muito sacrifício. Chico perdeu a mãe muito cedo. Então nosso pai se casou novamente, com minha mãe, que tomou conta de todos, os filhos de Maria João de Deus e os dela próprios. Só Chico trabalhava; meu pai vendia loteria, mas não ligava muito para a família, vivia sempre doente. Meu pai era brincalhão. Tinha os olhos castanhos, era bem moreno. Minha irmã Lucília não se dava muito bem comigo, era muito brava. Chico era também muito brincalhão, as pessoas nem podem imaginar. Na época em que eu ia para a escola São José, Chico trabalhava em um bar na frente de casa, e, muitas vezes, quando eu não tinha nada para levar para a escola, eu atravessava a rua e falava assim para ele: "E a merenda?", e ele pegava uns trocados e me dava. Tínhamos o nosso irmão caçula, João, que faleceu. Ele bebia demais, toda a família tentou ajudá-lo. Ele sofreu uma queda e morreu. Chico gostava de me buscar na fábrica de tecidos onde trabalhei. Ele gostava de visitar os amigos que moravam lá perto, entre eles, o Chiquinho de Carvalho, que viria a ser meu marido. Na fábrica havia um vigia, e o Chico adorava brincar com ele, de longe, imitando voz de fantasmas e pedindo para ele crer em Deus. Eu lembro que as moças da cidade e de fora achavam o Chico bonito, queriam se casar com ele, mas ele não quis, porque queria ajudar os outros, se dedicar a eles.

P. – A senhora se lembra de sua mãe, D. Cidália Batista Xavier?
D. Cidália Xavier de Carvalho – Sim. Ela faleceu quando eu tinha sete anos, o que me causou uma tristeza muito grande. Eu soube da notícia por meio de uma das minhas irmãs, que nos disse assim: "Vai para a casa de Zina, que a mamãe morreu". A gente leva um choque, ainda tem a esperança de ver nossa mãe de pé. Minha mãe tinha olhos castanhos. Chico sentiu muito sua morte, porque gostava muito dela. Ela foi tão boa, que, quando se casou com meu pai, recolheu os filhos solteiros dele com a esposa anterior e pegou para criar, inclusive o Chico, que morava com a madrinha, que judiava muito dele. Eram nove ao todo, mas duas moças já eram casadas, então, ela pegou sete. Chico contava, emocionado, que ela fazia café e bolo de fubá e dava para todos eles, cuidava como se fossem filhos dela mesmo.

P. – A senhora se lembra do José Xavier?
D. Cidália Xavier de Carvalho – Demais. Ele era um irmão maravilhoso, gostava de festa, de carnaval, escrevia peça de teatro. Nós gostávamos de nos sentar com ele na porta da rua para ele tocar violão e nós cantarmos. Ele e André faziam balões para soltar; era uma família alegre. Nós brincávamos carnaval, dançávamos na rua e o José morreu num dia de carnaval, em 1939. Na hora do nosso bloco sair, ele estava morrendo. Foi um golpe muito duro para todos nós; Chico até adoeceu. Ele deixou viúva e filhos — um dos filhos, Emmanuel, era deficiente, não falava, mas alguma coisa nele chamava a nossa atenção. Uma bondade que eu não sei explicar, apesar de ele nunca ter falado.

P. – E sobre o grupo de teatro?

D. Cidália Xavier de Carvalho – Era muito bom. José adorava. A gente ensaiava, gostava muito de cantar. Eu também gostava bastante de festa, de baile. Chico também gostava, mas não podia. José até arriscou escrever algumas peças, ele era o "chefe", mandava em tudo. A gente se apresentava num cinema, nem cobrávamos ingressos. Era apenas diversão para a gente. Eu, até há pouco tempo, tinha recortes de jornal da época, mas dei para a minha irmã Geralda, e ela faleceu e não sei onde foram parar. José até colocou um nome para o nosso grupo, "A troupe lá de casa". Na verdade, foi ele e outro irmão nosso, Raimundo, que a gente chamava de Mundico, que formaram o grupo. José tocava violão nas apresentações, o Mundico tocava cavaquinho e pandeiro, eu cantava. Eram músicas de Carmem Miranda, de artistas que faziam sucesso na época. Inclusive, tenho até uma foto dela, que um sobrinho dela deu para o Chico, e o Chico me deu, dizendo que era para guardar.

P. – Como foi para a senhora, uma menina na época, receber do Rio de Janeiro o Sr. Manuel Quintão?

D. Cidália Xavier de Carvalho – Me lembro demais dele. Traziam jaca da casa deles do Rio de Janeiro para nós. Há até uma foto em que aparecem o Chico, eu, o Manuel Quintão, acho que em 1938, perto de um carrinho de sorvete. Chico estava pagando um picolé para nós.

P. – De que tipo de música Chico gostava quando era jovem?

D. Cidália Xavier de Carvalho – Ele sempre gostou muito de música. Falando de uma época mais recente, ele gostava muito da Elis Regina. Quando ela morreu, ele ficou muito sentido, também ficou triste com a morte da Carmem Miranda. Ele gostava muito de música brasileira. Depois, o tempo foi passando, e ultimamente ele ouvia apenas música clássica. Sabendo disso, o Geraldo Leão gravava as músicas e eu mandava para o Chico, que ficava muito alegre em receber.

P. – A senhora frequentou as sessões mediúnicas do Centro Meimei. A senhora se lembra de como eram?

D. Cidália Xavier de Carvalho – Minha entrada no Espiritismo foi muito estranha. Porque eu não ligava para nada, gostava era de dançar, passear, tinha uma vida alegre, de ir ao cinema. E Chico também amava cinema. Então, quando ia passar um filme, ele me falava: "Cidália, hoje tem pra nós". Eu achava lindo ele dizer isso. Ele gostava de musicais.

Comecei a namorar o Chiquinho, um rapaz mais velho do que eu, muito bom, de quem Chico gostou bastante. Os dois acabaram ficando amigos e ele se tornou espírita, tanto que começou a frequentar as sessões do Meimei bem antes do que eu.

Teve uma vez que eu fui até a porta do Centro Espírita Luiz Gonzaga e vi o padre Sinfrônio falando muito mal do Chico, usando um alto-falante. Aquilo me fez muito mal, tanto que vim para casa, passei mal até. Depois Chico veio, conversou e falou: "Você não deve ligar para isso, minha irmã, deixa ele xingar, isso faz bem para ele". Chico dizia que eu precisava de um tratamento espiritual; que determinado dia faria uma reunião na casa dele, iriam lá pessoas conhecidas, e que eu também deveria aparecer para tomar um passe. Eu disse que tinha medo, e ele me respondeu que não precisaria ter medo, porque era um passe de Deus. Eu fui até a casa dele, então. Quando começou a reunião, eu me senti muito aliviada, leve, como nunca havia me sentido antes. Chico então falou para o Geraldo Benício Rocha, cunhado de Meimei, irmão de Arnaldo Rocha, presente na reunião, me dar o passe, e quando ele fez isso, comecei a chorar muito, e o Major também; me senti tão bem! Quando terminou, Chico me perguntou se eu havia gostado, e eu respondi que sim, que estava leve e aliviada. Chico ficou muito satisfeito e falou com meu marido, Chiquinho, que tentasse aos poucos me levar nas sessões do Meimei.

Eu frequentei lá enquanto a saúde me deixou ir. E teve uma ocasião em que eu havia ido visitar uma amiga em Matozinhos, perto daqui de Pedro Leopoldo, e lá eu recebi um espírito pela primeira vez. Contando ao Chico, ele me falou: "Pois é, minha irmã, Deus é muito bom pai, você vai longe". E foi muito bom para mim e meus problemas, porque até num psiquiatra eu já havia ido. Chico então pediu para que eu lesse *O Evangelho segundo o Espiritismo*, de Allan Kardec, e também as obras de Emmanuel, para educar minha mediunidade.

P. – Como irmã do Chico Xavier, qual a sua opinião sobre as homenagens que se faz a ele, a preservação da casa em que viveu, filmes etc.?
D. Cidália Xavier de Carvalho – Acho até muito bonito, mas o Chico, por mais que ficasse alegre quando recebia as homenagens, sempre dizia que não precisava, não merecia isso tudo. Era muito humilde. Talvez seja importante para as gerações futuras, para que elas conheçam quem foi Chico Xavier.

P. – A senhora se lembra do episódio da revista *O Cruzeiro*, com o David Nasser e o Jean Manzon?
D. Cidália Xavier de Carvalho – Sim, muito. Eu era mocinha na época, e o Chico não mereceu aquilo. Foi uma maldade o que fizeram com ele. Chico ficou muito triste, foi algo muito chocante; Chico nunca pediu a ninguém para ser espírita.

Quando ele estava psicografando o livro *Paulo e Estêvão*, na Fazenda Modelo, eu chegava da fábrica de tecidos onde trabalhava, à meia-noite, ele estava chegando também da Fazenda. Ia me contando as histórias que aconteciam com ele num pequeno quarto em que escrevia, e ele tinha uma companhia que era um sapo. Ele chegava lá, o sapo entrava, escolhia um canto e ficava quieto lá, só observando o Chico. Foi uma companhia constante. Embora ele não tenha me falado o motivo, mais tarde eu soube que o sapo atraía os espíritos maléficos, para deixar o Chico com tranquilidade para escrever. Ele me contava os casos que aconteciam com ele, eu perguntava se ele não tinha medo, e ele me respondia que não podia ter medo, são criaturas de Deus e que nos ajudam.

P. – E o Arnaldo Rocha, marido da Meimei, a senhora se dava bem com ele?

D. Cidália Xavier de Carvalho – Sim, nós éramos muito amigos, mas, com o tempo, ele se afastou. Na verdade, ele teve um problema com meu marido, porque meu marido frequentava o Meimei. E teve uma vez em que ele chegou cinco minutos atrasado e o Arnaldo não o deixou entrar. Contei isso para o Chico, embora não devesse, e o Chico ficou sentido com o Arnaldo também. Meu marido tinha mediunidade de clarividência.

P. – A senhora chegou a participar de alguma sessão de materialização?

D. Cidália Xavier de Carvalho – Não, porque na época eu ainda era muito recente no Espiritismo. Só participavam pessoas que já estudavam havia tempo. A minha irmã Lucília participou, meu marido também. Chico sempre me contava o que acontecia lá. Sei que materializaram minha mãe, Luiza, a mãe do meu marido, que entregou uma rosa para ele, a Meimei, que minha irmã dizia que estava muito bonita.

2.2 **Sr. André Luiz Xavier***

Irmão de Chico Xavier, residente em São Paulo.

P. – Sr. André Luiz Xavier, por favor, fale sobre o senhor e sua família.

Sr. André Luiz Xavier – Nasci em 27 de dezembro de 1917. Tive muitos irmãos. Por parte de meu pai, João Cândido Xavier, e Maria João de Deus, e por parte de minha mãe, Cidália Batista Xavier. Em 1943 me casei com Edith Malaquias Xavier. Tivemos dois filhos, Angela e Ademir. Eu morava na rua que o povo chamava de "Quebra-Nariz", mas o nome real era rua São Sebastião; morava de aluguel. Então eu construí uma casa na rua Benedito Valadares. Eu tinha um carro e, de vez em quando, levava o Chico até a Fazenda Modelo. Comprei-o por intermédio de um senhor chamado Arthur Baloy; ele fazia carreto para Belo Horizonte. Eu levantava às 3h, ia para Belo Horizonte comprar verduras para colocar na mercearia que eu tinha; trazia tomate, cenoura, beterraba, dos quais Chico gostava muito.

Vendia para muita gente de Pedro Leopoldo, e o dinheiro que entrou acabou possibilitando que eu comprasse o carro. Havia um senhor chamado Cid Lana que comprava muito. Chico era o meu maior cliente, que comprava e dava para a Luiza Xavier, minha irmã, e também para as pessoas que precisavam.

Lembro que o Juquita do Matuto, que era bem pobre e me ajudava a empurrar o carrinho com as mercadorias, ganhava bastante comida do Chico, assim como dona Maria Pereira, uma senhora de seus 70 anos, também ganhava. Mais tarde, ele começou a fazer uma verdadeira peregrinação para entregar comida aos necessitados. Havia gente que morava embaixo da ponte, e Chico os ajudava. Havia um senhor chamado Nestor Vitor Bacena, pai de oito filhos pequenos, muito pobre. Esperava sempre pelo Chico.

P. – Quais são suas primeiras lembranças do Chico Xavier, seu irmão?
Sr. André Luiz Xavier – Me lembro dele desde o tempo em que trabalhava na pequena mercearia do Juca Bicheiro. Vendia mercadorias e bebidas.

P. – Fale sobre sua mãe, D. Cidália Batista Xavier.
Sr. André Luiz Xavier – Eu sou o filho mais velho da nova união de meu pai, João Cândido Xavier. Depois vem Neuza, João, Glorinha, Lucília e Cidália, a Dália. Minha mãe morreu antes ainda de sair o primeiro livro do Chico, *Parnaso de Além-túmulo*. Chico conversava muito com a minha mãe a respeito do que sabia sobre o espírito de Maria João de Deus, mãe dele. Minha mãe já estava muito mal de saúde na época, tomava muitos remédios, mas o único que realmente a aliviava era um remédio homeopático chamado Agoniada, de vidro grande. Era comprado em Belo Horizonte, se não me engano. Eu não me recordo bem, mas acredito que era o Dr. Bezerra de Menezes que receitava para ela, pela mediunidade do Chico.

P. – Quando sua mãe, D. Cidália Batista Xavier, desencarnou em 1931, quem cuidou do senhor e de seus irmãos mais novos?
Sr. André Luiz Xavier – Chico. Sempre ajudou muito a cuidar de mim e dos meus irmãos. Durante toda a vida, o Chico foi muito ligado à minha mãe, porque ela era muito bondosa. Ela lavava muita roupa da família no ribeirão. Levava a bacia na cabeça. Chico a ajudava com palavras bonitas,

comprava mantimento para casa. Tudo o que ele ganhava em seu trabalho na mercearia como empregado e, mais tarde, como aprendiz na Fazenda Modelo, era revertido em ajuda para a família.

P. – E seu irmão José Xavier?
Sr. André Luiz Xavier – José Xavier era seleiro. Ele, o Chico e os Perácios fundaram o Centro Espírita Luiz Gonzaga em 1927. Trabalhava com Teotônio Batista, fazia selas e outros apetrechos para colocar em carroças e carregar pedra. Esse Teotônio tinha uma pedreira muito grande. José morreu em 1939, vítima de uma convulsão; ele entendia bastante de Espiritismo, apesar de não ter tanta escolaridade, pois lia muito as obras de Allan Kardec. Fazia preces muito lindas.

P. – O que o senhor pode falar sobre D. Carmem Perácio?
Sr. André Luiz Xavier – Ela morava na Fazenda Maquiné, tinha como marido José Hermínio Perácio. Maria Xavier, que chamávamos de Tiquinha, ficou perturbada. Meu pai foi a Maquiné procurar um curador para ela, no caso, o Sr. Perácio. Ele veio no trem das três horas da manhã. O Espírito que estava azucrinando a Tiquinha falou ao meu pai: "Não adianta procurar curandeiro, eu estou aqui e vou ficar aqui". Perácio veio e doutrinou o Espírito. De começo, as coisas pareciam bem, mas, tempos depois, minha irmã se suicidou jogando querosene no corpo e botando fogo em si mesma. Isso aconteceu tempos depois, após o episódio do Amauri.

P. – Tem lembrança de quando as pessoas começaram a procurar pelo Chico?
Sr. André Luiz Xavier – Sim, lembro quando o repórter Clementino de Alencar, do jornal *O Globo*, foi procurar Chico querendo fazer reportagens sobre a mediunidade dele, em 1935. Chico comprava o jornal e nós líamos as reportagens que saíam sobre ele. Nessa época, o Centro Espírita Luiz Gonzaga ainda não era tão frequentado, porque o local era muito pequeno para acomodar as pessoas. Pra mim, na época, essa coisa das reportagens era algo comum, nada de extraordinário, eu era muito novo ainda.

P. – Quando o senhor percebeu que Chico era uma pessoa diferente?
Sr. André Luiz Xavier – Quando ele começou a falar muito sobre a Doutrina Espírita, os Espíritos. Eu achava tudo muito interessante, mas não me inclinava para o Espiritismo. Eu gostava de ver a confusão que se formava ali, muita gente, e Chico sempre tratava bem a todos, não deixava ninguém sem atender. No outro dia saía de casa às sete horas e ia para o trabalho na Fazenda Modelo. A charrete vinha buscar ele, o José Jerônimo e outros empregados também. Foi quando o Chico falou para mim que Emmanuel estava me pedindo para estudar todas as bulas de remédio que eu visse pela frente, porque os Espíritos iam me aproveitar. Cid Lana tinha uma farmácia, e me dava as bulas para eu estudar. Depois de um tempo, comecei a escrever o que o Chico recebia dos Espíritos. Eu tomava nota, colocando nome da pessoa, endereço, idade, abria as cartas que o Chico recebia pelo correio, de cem a cento e vinte cartas por sessão, escrevia as receitas para reenviar depois. Mandei para muitas cidades vizinhas. As pessoas então voltavam e agradeciam muito ao Chico, mesmo tendo sido eu quem tivesse tirado as receitas.

P. – Chico morava com a Luíza?
Sr. André Luiz Xavier – Morou também com a Lucília, que era muito brava, e Chico dormia no quarto onde era o Centro Espírita Luiz Gonzaga. Eu morava na casa que construí no lote que o Sr. Antonio Sampaio me deu. Eu tinha pouco mais de vinte anos nessa época, custou vinte contos na época a construção.

P. – O senhor participou das materializações?
Sr. André Luiz Xavier – Sim, foram lá em casa por volta de 1952. Chico convidava as pessoas mais chegadas a nós. Na minha casa tinha uma radiola, e tocávamos as músicas de que Meimei gostava, músicas que tenho até hoje. Primeiro fazíamos meia hora de prece, pedindo à Misericórdia Divina que ajudasse naquilo que Chico tinha a intenção de fazer, as materializações. Chico ia para um quarto e nós ficávamos, oito ou dez pessoas, na sala. Algumas eu lembro que participavam: dona Lia, Domingos Malaquias

(sogro), Alvina Malaquias (sogra). Primeiro aparecia o Espírito de Scheilla, uma mulher meio aloirada para conversar com todos nós e depois curar as pessoas. Vinha com um objeto radioativo e todo iluminado. Na hora da aplicação, sumia a luz, pois a pessoa absorvia a energia que estava naquele objeto. A Scheilla é quase o que se vê no retrato que fizeram dela. O local era todo escuro, e quando os Espíritos apareciam, o ambiente ficava iluminado. Apareceram Emmanuel, minha mãe, Scheilla, Meimei. Eu me lembro de um rapaz que trabalhava na Fazenda Modelo e que foi curado pela Scheilla. Materializou-se também o Espírito da Sra. Ambrosina, que, quando encarnada, era uma pessoa muito pobre, que vivia num local chamado Lapinha, não tinha nem casa, ela morava numa espécie de choça de pau a pique, e Chico levava mantimentos para ela.

Chico fazia com muito gosto. Era algo maravilhoso ver o Espírito materializado. Chico fez apenas umas três ou quatro vezes essas materializações. Na época, eu tinha uma balança grande em casa, e tive a ideia de pesar o Chico antes e depois da sessão de materialização. Pois o Chico perdeu quatro quilos em uma dessas ocasiões, por ter doado o ectoplasma. Eu via o ectoplasma sair da boca de Chico. Nem todos conseguiam ver esse processo, mas eu conseguia. Ele ficava numa cadeira de balanço que Edith, minha mulher, tinha. O que posso dizer é que a materialização da minha mãe foi o episódio mais importante da minha vida. *(O Sr. André Luiz Xavier se emociona.)*

Outra grande emoção foi ver o Espírito de Emmanuel, porque veio segurando uma cruz iluminada a ponto de o Joaquim Alves pedir permissão para desenhar. Emmanuel permitiu. O local tinha cheiro de éter. E não foi uma vez só não. Chico fazia as reuniões comigo e mais oito ou dez pessoas. Francisco Gonçalves também ia, era açougueiro; Jânio Gonçalves, irmão de Francisco, também ia. Inclusive, chegou a urinar nas calças, de tanta emoção.

P. – Quais eram as reações de Chico sobre os livros que recebia?

Sr. André Luiz Xavier – O livro que mais emocionou o Chico foi *Renúncia*, porque ele era a reencarnação da Alcíone, personagem do livro, segundo me disse. O livro *Paulo e Estêvão* também o emocionou muito. Ele me contava depois das reuniões — a gente conversava demais — ele me contava muitas coisas. Ele me dizia que via as cenas do livro passarem como se fosse um filme: tudo colorido, os personagens da época, dizia que estava lá. Ele sempre chorava ao ver essas cenas do tempo de Alcíone. Às duas da manhã ele terminava; havia vários cachorros na rua que eu morava que o acompanhavam quando ia embora de minha casa. Eu ficava na esquina, vendo ele ir embora, até sumir de vista. Chico recebeu *Fonte Viva*; *Caminho, Verdade e Vida*; *Vinha de Luz* na minha casa.

P. – Qual era a emoção de receber um novo livro do Chico assim que saía da gráfica?
Sr. André Luiz Xavier – Eu queria ser ontem o que sou hoje. Na época eu não ligava, e me arrependo muito disso.

P. – O senhor participou das reuniões em que o Chico recebeu o livro *Instruções Psicofônicas* e *Vozes do Grande Além*?
Sr. André Luiz Xavier – Sim, de quase todas elas. Minha mulher também, apesar de não gostar. Eram no máximo doze pessoas, e quem organizava era o Chico. Havia uma moça chamada Elza, era médium; fazia parte dos médiuns que recebiam. Alguns deles vinham de Belo Horizonte para Pedro Leopoldo. Era sempre às quintas-feiras. Primeiro Chico fazia a sessão de desobsessão, e depois eram as comunicações para o livro. Chico recebia os Espíritos de luz por meio de psicofonia em vez da psicografia. Torres Pastorino, que é autor daquele livro famoso, *Minutos de sabedoria*, foi quem deu o gravador, e o Arnaldo Rocha ou o Ênio Santos gravavam.

P. – Por que o senhor acha que Chico saiu de Pedro Leopoldo?
Sr. André Luiz Xavier – Por perseguição do padre Sinfrônio Torres, que havia na cidade. Amauri Pena, que já morreu, sobrinho de Chico, imitava Chico não dando nome de espírito. O padre na época falava que qualquer

um podia ser médium, inclusive esse Amauri; falava contra Chico nas pregações dele. Chico, por sua vez, aguentava calado, humilde. Ele nunca falou mal do padre Sinfrônio, sempre o respeitou.

P. – Tem alguma informação sobre a pintura do quadro de Emmanuel?
Sr. André Luiz Xavier – Delpino Filho pintou aquele quadro em Pedro Leopoldo. Inclusive esse quadro de Emmanuel está no Centro Espírita Luiz Gonzaga. Chico foi falando para ele como o Espírito se parecia e o Delpino foi pintando. Ele foi várias vezes a Pedro Leopoldo para pintar esse quadro. Morava em Belo Horizonte.

P. – O senhor lembra quando Manuel Quintão, Clovis Tavares, César Burnier, Joaquim Alves, Canuto Abreu, Ramiro Gama, Ismael Gomes Braga iam até Pedro Leopoldo para ver o Chico?
Sr. André Luiz Xavier – Sim, me lembro de todos eles.

P. – Conte-nos sobre o famoso cafezinho em sua casa após as sessões do Luiz Gonzaga.
Sr. André Luiz Xavier – Após as sessões, que terminavam por volta da meia-noite, uma hora da manhã, Chico levava as pessoas mais próximas, mais amigas para casa, e oferecia um café para todos. Na época eu tinha uma radiola, discos, e colocava música para todos ouvirem. O café, eu fazia um pouco antes da reunião terminar. Uns quatro litros. Chico então ia com eles todos, quarenta pessoas ou mais. Escutávamos música, tomávamos café e conversávamos. Chico, em especial, gostava de Wagner, Brahms, Beethoven, que ele escutava muito na época em que psicografou livros em casa. Ele punha para tocar e começava a psicografar.

P. – Conte-nos a maneira como seu nome foi parar em parte das obras psicografadas pelo seu irmão Chico Xavier.
Sr. André Luiz Xavier – Chico quis saber o nome do Espírito que foi apresentado a ele pelo Emmanuel. Eu estava dormindo no mesmo quarto do

Chico, cada um de nós tinha uma cama, só nós dois no quarto. O Espírito perguntou o nome de quem dormia ao lado da cama dele, que era eu. Então ele, o Espírito, sugeriu que daquele instante em diante o chamasse de André Luiz, meu nome.

P. – Qual o motivo de Chico ter saído da casa de Lucília, sua irmã?
Sr. André Luiz Xavier – Nessa época, tínhamos um cachorro chamado Lorde. O problema é que o cachorro fazia muita sujeira dentro de casa. Minha irmã, então, deu veneno e o matou. Chico ficou muito magoado e não quis mais morar ali. Luiza, na época, fez um barracão nos fundos de sua casa para que Chico passasse a viver ali. Isso foi em 1946. Nesse período, Arnaldo Rocha, amigo de Chico, às vezes passava o fim de semana ali com ele, e depois voltava para Belo Horizonte, onde vivia.

P. – Que mensagem o senhor gostaria de deixar para todos nós?
Sr. André Luiz Xavier – Que acreditem nas materializações que vi e que outras pessoas viram e já relataram em outros momentos de suas vidas. Pois essas materializações foram a prova de que nós somos de fato imortais. E que sempre caminhem dentro dos ensinamentos de Jesus, porque Ele, sua vida, seus exemplos, são tudo o que devemos ter conosco. Que as pessoas estudem Allan Kardec, Emmanuel, André Luiz, verdadeiros mestres que têm muito a nos ensinar. Não façam como eu, que só fui acordar para o Espiritismo já muito tarde, para as coisas da Espiritualidade. É talvez meu maior arrependimento não ter aproveitado desde cedo, principalmente levando em conta a convivência que tive com meu irmão Chico Xavier.

---

* O senhor André Luiz Xavier desencarnou em São Paulo, no dia 22 de novembro de 2009, com 91 anos, 18 meses depois de gravar em vídeo, na capital paulista, este depoimento histórico concedido ao pesquisador e documentarista espírita Oceano Vieira de Melo.

2.3 **Sr. José Issa**

Historiador de Pedro Leopoldo e amigo de infância de Chico Xavier.

P. – O Sr. sempre residiu em Pedro Leopoldo?

Sr. José Issa – Nasci em Pedro Leopoldo há 86 anos. Eu morava na esquina da rua São Sebastião, a mesma em que se localiza o Centro Espírita Luiz Gonzaga e onde nasceu e morou Chico Xavier. Era um local de gente humilde, pois Pedro Leopoldo naquela época era um grande brejo, e as pessoas mais ricas procuravam os locais mais secos para viver. Fiquei na cidade até os sete anos, quando perdi meu pai, e então me mudei para Nilópolis, no estado do Rio de Janeiro, onde morava meu avô materno. Ficamos por lá um ano, e então retornamos para Minas Gerais, desta vez para Vespasiano, e de lá novamente para Pedro Leopoldo, cidade em que minha mãe abriu uma venda em frente à igreja matriz. Estudei em colégio interno por cinco anos em Sete Lagoas, onde fiz o ginásio, e mais tarde Odontologia em Belo Horizonte, embora eu tenha passado os finais de semana e férias sempre em Pedro Leopoldo, cidade que sempre amei e de onde nunca quis sair, assim como meus filhos, nove ao todo, com oito vivos. Em

1946, logo depois do fim da Segunda Guerra Mundial, me formei em Odontologia e me mudei definitivamente para Pedro Leopoldo, onde trabalhei como dentista até me aposentar.

P. – Quando foi que o senhor começou a escrever sobre a cidade de Pedro Leopoldo e seus habitantes?
Sr. José Issa – Na época em que eu estudava em Belo Horizonte, com uns 18 anos, já escrevia em um pequeno jornal de Pedro Leopoldo, falando sobre a cidade e as pessoas que aqui viviam. Com aproximadamente 25 anos, lancei meu primeiro livro, *Rua São Sebastião*, em homenagem à rua em que vivi e na qual Chico Xavier também nasceu e viveu.

P. – Qual a sua primeira lembrança sobre Chico Xavier?
Sr. José Issa – Eu devia ter dez anos, aproximadamente, e ele trabalhava no armazém de José Felizardo, local em que se vendiam bebidas, mantimentos etc., em frente à casa em que Chico morava. O apelido do patrão de Chico era Juca Bicheiro, porque na época "matar o bicho" significava beber, e tanto o meu pai quanto o de Chico, João Cândido, gostavam muito de "matar o bicho", e o faziam no armazém do Juca. Chico adorava desenhar, fazia desenhos para as moças, que gostavam muito dele, assim como nós também gostávamos da família dele, muito querida, muito boa. Chico era uma pessoa muito meiga, e essa é uma característica que ele carregou durante a vida toda.

P. – O senhor conheceu D. Cidália Xavier, a segunda mãe de Chico?
Sr. José Issa – Sim, a conheci. Era uma mulher a quem eu considero uma verdadeira santa, pois a primeira atitude que ela tomou foi a de recolher todos os irmãos de Chico que haviam sido distribuídos pelo próprio pai, João Cândido, entre várias famílias da cidade. Chico vivia com a sua madrinha, que, dizem, maltratava muito ele. Uma história que minha própria mãe dizia era que Cidália me amamentou, pois minha mãe tinha pouco leite, e nessa mesma época Cidália dera à luz Neuza Xavier, posteriormente

falecida em Sete Lagoas, tendo então ajudado minha mãe, me amamentando também.

P. – Então o senhor foi amamentado por D. Cidália Batista Xavier?
Sr. José Issa – É o que minha mãe dizia. Foi uma amamentação complementar, já que minha mãe possuía pouco leite. A Cidália tinha um presépio em sua casa e pelo qual eu era apaixonado. De vez em quando ela colocava nele um fruto cheiroso chamado popularmente aqui de "cabacinha". Vez ou outra eu pegava esses frutos para chupar, mas ela, como boa pessoa que era, nem se importava.

P. – Como era o relacionamento dos vizinhos com a D. Cidália?
Sr. José Issa – A vizinhança era como uma irmandade, todos amigos entre si, uma união muito grande. Cidália, inclusive, comprava tecidos, sapatos, na loja de minha mãe. Houve época, inclusive, em que ela pagava com ovos, verduras, as compras que fazia, pois de vez em quando ela e João Cândido passavam muitas dificuldades. Os vizinhos não eram espíritas, eram geralmente católicos.

P. – O senhor se lembra do casal Carmem e José Hermínio Perácio?
Sr. José Issa – Muito pouco, mas me lembro sim. Eles moraram ao lado da casa de Chico. Lembro-me mais da casa deles, porque depois se mudaram. Havia um alpendre em que nós gostávamos de jogar futebol de botão. Eu acredito que foi o próprio Juca Perácio que encaminhou o Chico para o Espiritismo, por ocasião do que ocorria com a irmã de Chico, Tiquinha, tida como maluca pelas pessoas da época por receber um espírito, diziam alguns, de um fazendeiro que vivera na região, e que hoje as pessoas chamam de obsessão. Havia também um parente do Juca, Nelson Penna era seu nome, e José Xavier, um dos irmãos de Chico, acabou por se casar com Geni Pena, parente de Nelson. José Xavier era o irmão mais querido de Chico, um rapaz muito alegre, inteligente, era repentista. Depois da morte de Cidália, eu encontrava o José sentado em frente de

casa e ele, brincando, dizia que estava tentando arrumar um casamento para o pai.

P. – Como era o José Xavier?

Sr. José Issa – Como eu disse, ele era um repentista, gostava de fazer versos, e era seleiro, fazia e vendia selas. A morte dele me chocou muito. Eu era menino, devia ter uns onze anos, estava jogando bola na rua, quando de repente chegou um médico e entrou pela casa, porque o José estava passando mal. Aproximando-me mais da casa, ouvi o médico falar que estava dando a sangria, e eu sabia o que era isso, porque em uma ocasião havia ouvido de alguém a explicação sobre o que era isso, que, na época, se fazia quando a pessoa tinha problema de pressão alta, e depois veio a notícia da morte dele. Ele tinha um cachorro que se chamava Lorde, que ficava na porta da casa de Chico, e que Chico adotou a partir de então, para desespero das moças da casa, já que o cachorro ficava na rua, entrava em casa e sujava tudo. Tempos depois, o cachorro morreu, e até hoje algumas pessoas dizem que elas teriam matado o cão por causa dos aborrecimentos que ele causava.

P. – Para quem José Xavier vendia selas?

Sr. José Issa – Naquele tempo, o seleiro fazia um bom dinheiro, pois quase não havia carro em Pedro Leopoldo, apenas cavalos. Havia apenas dois carros, na verdade.

P. – O senhor se recorda da reação da população de Pedro Leopoldo, católica em quase sua maioria, quando Chico Xavier e outras pessoas construíram o Centro Espírita Luiz Gonzaga?

Sr. José Issa – Não houve, pelo que me lembro, nenhuma grande reação negativa. Eu estava estudando na época, não estranhei; minha mãe, que era católica, não estranhou. Talvez isso se deva ao padre José. Aliás, Pedro Leopoldo talvez tenha sido uma das primeiras cidades a ter um padre negro, um fato que foi bem recebido na cidade e que mostrava que ela não apresentava sinais de racismo. Além do mais, havia um congraçamento entre ricos e pobres, a sociedade de Pedro Leopoldo não se marcava por essas separações típicas de muitas cidades por aí. O padre José, quando saiu da cidade, levou consigo muita estima por parte dos moradores; era ele quem fazia os grandes casamentos. Ele também foi muito amigo do Chico, gostava bastante dele.

P. – O senhor se lembra de quando o Chico trabalhava com o Dove?
Sr. José Issa – Não me recordo muito. O Dove era vizinho do meu pai. Na rua principal, ele era dono de um botequim. Depois de o Chico ter trabalhado na fábrica de tecidos, foi trabalhar com o Juca Bicheiro. Saiu de lá por causa de uma alergia, provavelmente de algodão. E só então foi para a Fazenda Modelo.

P. – Como era o adolescente Chico Xavier?
Sr. José Issa – A adolescência do Chico foi de muito trabalho, muitos desenhos, ele escrevia cartas que as moças pediam para ele, o que ele fazia com muita bondade. Apesar de tudo, Chico era muito alegre, tinha uma risada muito gostosa, que se escutava de longe. Depois, no Centro Espírita, mesmo do outro lado da rua, lendo ou mesmo mais tarde da noite, quando as sessões acabavam, eu escutava sua voz batendo papo com o povo, suas risadas. Uma coisa que eu gravei foi as pessoas dizendo a ele coisas do tipo "Você não foi ao batizado, na minha festa" e Chico respondendo "Eu não fui, mas meu coração estava lá". Era o estilo dele, simples. Também sempre tinha uma frase bonita para dizer às pessoas. A grande verdade, independentemente do que digam, é que Chico era muito querido em Pedro Leopoldo, por mais que tenha havido repórteres que tenham dito o contrário. Eu tinha alguns grandes amigos, como o Pachequinho, que se casou com a Lucília, e nós ficávamos escutando discos naquelas vitrolas velhas, de mola. Então chegava o Chico, parava para escutar também, sempre dava bons conselhos.

P. – Quando Chico Xavier sai da fase adolescente e entra na vida adulta, ele já estava na Fazenda Modelo. Mesmo ganhando o salário da Fazenda, ele continuou na penúria?

Sr. José Issa – Chico ajudava muito os outros. Mas esse conceito de penúria talvez seja um pouco relativo. Na mesma casa de três quartos e cozinha espremida, viviam João Cândido, Cidália, André, Lucília, Neuza, Dorinha e mais algumas pessoas que não recordo agora. Até por isso ele ia para o açude para se concentrar, mesmo local onde, dizem, ele encontrou Emmanuel. A vida dele foi muito dura mesmo. Eu, que gosto de escrever, sei o que é ter barulho em volta, pessoas conversando. Ele não tinha sossego em casa, chegavam pessoas a todo o momento. Todo mundo queria aproveitar, ter um amigo importante; todo dono de hotel queria agradar os hóspedes levando-os até à casa de Chico. Ele não tinha tempo para nada, e eu acho que ele foi embora daqui não por alguma inimizade, ou por não gostarem dele, mas porque ele não aguentou a pressão dos amigos, dos católicos e protestantes que levavam pessoas para conhecê-lo; ele tinha amizade com todo mundo. Eles queriam estar perto de um repórter, de um sujeito rico. A grande pedra no sapato do Chico, pelo menos no começo, porque depois a coisa foi amainando, foi o pai, João Cândido, que ficava nervoso com as pessoas que iam procurar o Chico em casa. Ele dizia coisas como "Se ele não dá conta de ajudar nem as pessoas daqui de casa, como vai fazer com quem é de fora?". Quando ele passou a vender bilhetes de loteria, queria que o Chico desse a ele o número premiado. Dizia a Chico que, em meio à vida sofrida que levavam, as atribulações pelas quais Chico passava, ganhar na loteria seria o melhor remédio. Chico desconversava, sempre dizendo ao pai que ficaria atento quando lhe dissessem os números corretos.

P. – O senhor conheceu o chefe de Chico Xavier na Fazenda Modelo, doutor Rômulo Joviano?

Sr. José Issa – Sim, apesar de não ter tido muito contato. O irmão dele, Fausto Joviano, era um grande amigo meu. O Rômulo nos conseguiu algumas aulas de inglês. Com o Roberto, filho dele, com quem tive mais amizade, assim como a Wanda também, embora não tanto quanto o Roberto, que era um rapaz da minha idade. Roberto morreu novo. Com relação ao Rômulo, muita gente gostava dele, porque ele arrumava emprego para muitas pessoas, ajudou demais essas pessoas. Além disso, ele dava passes, chegou a ser presidente do Centro Espírita Luiz Gonzaga.

P. – Como era a biblioteca de Chico Xavier?
Sr. José Issa – Nunca vi, pois na casa dele não havia. E mesmo que quisesse, nem teria condição de ter, pois mal cabiam as pessoas na casa, que dirá uma biblioteca.

P. – De que tipo de música ele gostava?
Sr. José Issa – Nós gostávamos de Vicente Celestino, Francisco Alves, Orlando Silva, mas ele gostava das músicas clássicas, de Beethoven, Mozart. Inclusive, eu escutava os discos dele tocando. Ele chegou a querer tocar piano, que deram para ele, mas que acabou ficando para o Pachequinho, porque Emmanuel não o deixou tocar. Eu escutava de casa ele tentando tocar.

P. – E cinema?
Sr. José Issa – Era o descanso dele. Inclusive eu acho que era a única diversão dele. Não dançava, não bebia, não jogava, então o cinema era o que o divertia.

P. – O senhor se recorda de algum nome importante dos anos 1940 ter vindo aqui em Pedro Leopoldo?
Sr. José Issa – Radamés Gnatalli, o músico, esteve aqui. O Pedro Quintão, que era casado com a Geralda Xavier, era um ótimo violinista e fazia parte da orquestra do Sr. Gnatalli. Inclusive, o Pachequinho, que também era um grande violinista, tinha o autógrafo do maestro no violão. Há uma música de Pachequinho, "Meu rancho abandonado", não recordo

o nome exato, que ele deu para um sujeito gravar, então vinha primeiro o nome desse homem, depois o do Pachequinho, para você ter uma ideia, mas ainda assim ela fez sucesso, as pessoas gostaram. Inclusive, um caso que aconteceu com o Pachequinho, talvez um dos maiores músicos que nós tivemos aqui nas redondezas. Nós fizemos algumas músicas juntos, eu fazia a letra, e ele, a música, mas aqueles gravadores antigos davam muito problema, então muito do que a gente gravou acabou se perdendo, e não conseguimos recuperar algumas dessas músicas depois que ele morreu. Era aproximadamente 1955, aquelas fitas de metal, tudo muito complicado; a própria Lucília também não ajudava muito. Eu cheguei a pedir a ela, mas não me deu, escondeu o violão dele também. Acredito que por causa da tristeza pela morte do marido, ela não quis mais mexer com isso. Mas tenho carinho por ela, porque ela sempre brincava comigo dizendo que éramos os mais velhos da rua. Fomos a Belo Horizonte, para nos apresentar numa rádio. Chegando lá, Pachequinho percebeu que não havia trazido violão. A solução foi emprestar o instrumento de uma dupla caipira, até bem conhecida na época, que também estava por lá. E Pachequinho demorou a afinar o violão, porque ele era bem detalhista a esse respeito. O dono do violão, vendo isso, quis ensiná-lo, falou alguma coisa e foi embora. Pouco tempo depois, quando soube que o sujeito era o famoso Pachequinho, voltou pedindo desculpas por ter tentado ensiná-lo a afinar.

P. – O senhor se recorda de quando vieram dois jornalistas da revista *O Cruzeiro* fazer uma reportagem sobre o Chico?
Sr. José Issa – Sim, o David Nasser e o Jean Manzon. Lembro-me de terem chamado o Chico, ainda moço, lá na Coletoria do Maurício Azevedo, primo do então prefeito, para fazer a entrevista, quando seria muito mais fácil terem ido à casa dele. O problema é que o Maurício tinha pose, era o homem mais inteligente do lugar, gostava de mostrar poder, então ele mandou chamar o Chico, que veio na mesma hora.

P. – Quando saía um novo livro do Chico, a cidade comentava?

Sr. José Issa – Sim, todos comentavam. Teve até um fato que me comoveu, quando ergueram um busto para ele lá no açude, local em que ele viu Emmanuel pela primeira vez, mas que infelizmente depois foi todo quebrado e vandalizado. Mas o que me emocionou foi que colocaram ali um trecho de uma poesia muito bonita que Chico psicografou, "Alma gêmea", um texto muito bonito e que eu havia lido tempos atrás no próprio livro. Isso é até uma prova de como gostavam de Chico aqui na cidade, porque fizeram também a praça próxima à Prefeitura; aliás, foi meu primo, quando era prefeito. Em nome de Chico, fizeram uma grande festa de inauguração, mas nessa época ele já estava bem debilitado, tinha até um médico que veio à cidade com ele.

P. – O que o senhor pode dizer sobre Dorinha, a irmã mais nova de Chico Xavier?

Sr. José Issa – Dorinha foi uma criança frágil, tinha dificuldade para falar, mas viveu bem e muito. Chico gostava muito dela, era de quem ele mais cuidava. Mesmo quando saiu de casa para morar com Luiza, sua irmã mais velha, exigiu que olhassem por ela, tendo deixado, inclusive, a casa em nome dela. Apesar disso, Chico gostava de todos, ensinava a todos para ter paciência, bondade com os percalços da vida. Quando ele foi embora da cidade, todos sentiram bastante, e não apenas os donos de hotéis, as pessoas que de alguma forma se aproveitavam do Chico Xavier. Eu tinha uma casa próxima ao Centro Espírita, não a alugava para inquilinos, mas às segundas e sextas, dias de sessão, os quartos ficavam lotados, e só nessas ocasiões que eu aluguei, de fato.

P. – Como era Lindolfo, o cunhado de Chico?

Sr. José Issa – Ele era delegado de polícia, rosto fechado, atrevido, acho que até por isso trabalhou nessa área. Mas, assim como outras pessoas, era outro que se rendia quando apareciam pessoas importantes. Eu acho que os próprios espíritas cansaram mais o Chico do que os católicos ou protestantes, porque ficavam atrás dele o tempo todo.

P. – O que o senhor pode dizer sobre Geralda, a irmã de Chico?

Sr. José Issa – Ela era a última filha de João Cândido com Maria João de Deus. Foi casada com o Pedro Quintão. Alguns anos atrás, eu cheguei a conversar com a filha dela, e ela me contou que a mãe estava muito doente, acabou falecendo há dois anos. Era uma morena muito bonita, magra, esbelta, alegre. Pedro Quintão era bem sério, músico da orquestra do Radamés Gnatalli, que também era um grande músico. Das filhas de João Candido e Maria João de Deus, a Geralda era com quem eu tinha mais amizade.

P. – E sobre a tentativa de desmascarar o Chico?

Sr. José Issa – Teve uma época em que eu fiquei muito amolado, na época em que aquele frei Boaventura quis desmascarar o Chico. Esse Frei veio me procurar, alguém me indicou a ele, com certeza. Em Belo Horizonte, havia um jornal católico, em que um sobrinho de Chico atacava o próprio tio, dizendo que ele não recebia nem escrevia mensagens do Além, combatendo-o. Então veio esse Frei me procurar. Por duas vezes, eu pedi para dizer que não estava, não queria recebê-lo, mas no fim resolvi atendê-lo. Disse que não sabia das histórias, que não falaria contra uma pessoa que era minha amiga, com quem fui praticamente criado, na mesma rua. E então veio o padre Sinfrônio, que sempre criticava o Chico, e me pediu que, como católico, entrasse na briga, mas eu não quis. Tanto o frei Boaventura quanto o padre Sinfrônio queriam que eu dissesse que Chico era uma farsa, que era ele próprio quem escrevia os livros, as cartas, e não os Espíritos. O próprio Boaventura andava dizendo que o Chico já escrevia antes, que o José Xavier também. Embora eu não frequentasse o Centro Espírita Luiz Gonzaga, eu gostava mais do Chico do que muita gente que estava lá dentro. Lá havia duas pessoas por quem eu tinha muita estima: Chico Xavier e o Zé Martins.

P. – Quem era Zé Martins?

Sr. José Issa – José Martins Filho. Era um farmacêutico, inteligente, também trabalhava no cartório. Era espírita também.

P. – O que mais o senhor poderia contar sobre o Chico?

Sr. José Issa – Embora eu fosse católico na época, eu gostava muito de Chico Xavier. Era meu amigo, parava para conversar, dava conselhos a todos nós, e as pessoas, a maioria, também o procuravam para se aconselhar. Chico ajudava muito as pessoas, dava muitas mensagens boas, de esperança; elas vinham de fora para falar com ele. Foi alguém muito bom que Pedro Leopoldo teve. Quando eu estou escrevendo, eu me emociono mais, consigo dar mais beleza ao olhar do Chico, que, aliás, só tinha uma vista boa. Eu não sei exatamente o que aconteceu com ele.

Chico sempre fora um rapaz simpático, forte. À noite, quando fazia frio, sempre estava com o paletó fechado, o cabelo bonito, por isso que até ficou triste quando envelheceu, ao ficar calvo, e teve que usar peruca. E Chico era uma pessoa muito inteligente, por mais que tenha gente que se assuste ao me ouvir dizer isso, porque tem aquela ideia de que a pessoa da roça não é inteligente. Chico teve um problema de dente, inclusive era eu quem tratava de seus dentes; quando foi para Uberaba, fiquei contente porque ele ficou com os dentes bonitos. Mas ele tinha um problema na gengiva, e de vez em quando passava no consultório para que eu lhe aplicasse óxido de zinco para aliviar a inflamação.

Ele se sentou no meu gabinete para me esperar, havia uma revista ali, *O Cruzeiro*, e dentro, uma poesia de duas páginas. Depois de meia hora eu o chamei, e enquanto eu preparava a mistura para passar em sua gengiva, ele recitou de cor a poesia toda. Eu fiquei impressionado. Ou um espírito ficava soprando em seu ouvido ou ele tinha realmente uma memória muito boa. Chico também tinha uma letra maravilhosa.

P. – E seu sogro, Zeca Machado, amigo do Chico?

Sr. José Issa – Ele tinha uma fé pouco comum, a grandeza maior dele. Homem simples, de paz, que acreditava em tudo, muito paciente. Naquele tempo, um diretor de fábrica era como um ditador, mas o Zeca nunca maltratou ninguém. Meu filho diz que o Zeca, mesmo naquela época, já tinha o estilo dos diretores de hoje, que valorizam os empregados, tratam bem.

P. – No seu livro, tem um caso sobre as garças. Onde o senhor ouviu essa história?

Sr. José Issa – Um dia, quando eu passava pelo caminho em direção à Fazenda Modelo, onde há um ribeirão que vem de Neves e segue perto da "Exposição", que é como o povo denomina o parque de exposições agropecuárias daqui, conversando com um senhor de Vera Cruz cujo nome não lembro, ele me disse desse episódio das garças voando no dia do nascimento de Chico Xavier. Depois, ouvi a mesma história de uma senhora, a Ana Preta, lavadeira de roupas, e também da senhora Tomázia, que, se não me engano, era católica, benzedeira, respeitada na cidade, morava próximo a mim. Ela me contou que teria visto, na manhã do dia do nascimento do Chico Xavier, no céu de Pedro Leopoldo, uma revoada muito grande de garças, que chegaram e levantaram voo depois do nascimento de Chico Xavier.

P. – O senhor considera que Chico Xavier foi o filho mais importante de Pedro Leopoldo?

Sr. José Issa – Sim, considero, sem dúvidas. Tivemos algumas figuras importantes para a região, mas a maior de todas foi o Chico Xavier, e não só de Pedro Leopoldo, mas de Minas Gerais, do Brasil. Foi um homem em quem você não consegue ver falhas durante sua vida.

P. – O senhor sente saudades daquele tempo?

Sr. José Issa – Demais. Era um tempo muito alegre, de união. Chico gostava muito de cinema, eu sempre encontrava com ele, que gostava também de música.

2.4 **Sr. Jadir dos Santos Viana**

Filho do dono do armazém onde funcionava o primeiro Centro Espírita Luiz Gonzaga em 1927, quando os Perácios vieram da Fazenda Maquiné para fundar o centro espírita a pedido de Emmanuel.

P. – Conte-nos um pouco sobre o senhor.

Sr. Jadir dos Santos Viana – Eu nasci em 1928, na beira do rio Paraúna. Na época aquela área pertencia ao município de Curvelo, mas hoje é uma cidade autônoma e se chama Presidente Juscelino. Eu vim para Pedro Leopoldo com sete ou oito anos. Morei primeiramente num engenho da minha avó, e depois me mudei para a casa que meu pai comprou na cidade, na rua São Sebastião, que era do Juca Perácio.

P. – Morando por tanto tempo na mesma rua, o senhor provavelmente conviveu com o menino Chico Xavier.

Sr. Jadir dos Santos Viana – Ele era rapaz na época, já tinha escrito os primeiros livros. Eu conheci o pai dele, os irmãos. José Xavier, falecido irmão do Chico, construiu uma casa entre a nossa e a do pai dele, para o

Chico fazer as reuniões espíritas. Eu era garoto ainda e cheguei até a carregar os tijolos. Minha mãe ainda contava que, quando tinha as sessões espíritas, vinha muita gente de fora. Lá em casa tinha jasmins, que de vez em quando caíam. Na época, era a Copa de 1938. Eu ouvia os jogos do Brasil na casa do José Xavier, porque não tínhamos rádio em casa. Também iam alguns parentes dele de vez em quando, era tudo muito alegre. Quando o Brasil jogou com a Polônia e ganhou de seis a cinco, o José fez um balão grande, pintou o placar do jogo e soltou. Depois de algum tempo, as sessões saíram dali e passaram a ser realizadas do outro lado da rua, no prédio novo do Centro Espírita Luiz Gonzaga. Mas o José era uma excelente pessoa, era médium, aplicava passes; minha mãe, mesmo sendo católica, às vezes pedia para ele lhe dar um passe. Ele tocava viola, fazia versos, contava casos. Minha mãe se dava muito bem com o Chico; ele sempre parava para conversar um pouco, mesmo com tão pouco tempo disponível. O engraçado é que mesmo a nossa família sendo católica, todos gostavam de tomar passe nas reuniões do Chico.

P. – Conte-nos um pouco sobre esse primeiro local em que o Chico fez as primeiras sessões espíritas.
Sr. Jadir dos Santos Viana – Tinha o quarto do José Xavier, no meio, uma sala maior onde ele trabalhava como seleiro, e a cozinha mais ao fundo. Havia uma mesa grande, onde eles faziam as sessões. Eu era menino; então, quando elas estavam para começar, eu saía logo. Sempre vinha muita gente de fora, a rua na época era muito parada, quase não havia carros aqui na cidade, então ela só se enchia de fato quando era dia da reunião do Chico, às segundas e sextas-feiras.

P. – Como era o jovem Chico Xavier?
Sr. Jadir dos Santos Viana – Trabalhador, conversava com todos, gostava muito de ir ao cinema. As sessões de filme eram às quintas, sábados e domingos, e eu me lembro de sempre encontrar o Chico no cinema. Trabalhava na Fazenda Modelo. Meu pai também trabalhava lá, na época; era

tratador de animais. Havia uma cavalaria ali, e o escritório do Ministério da Agricultura era em cima da cavalaria. Depois é que o diretor do lugar, Rômulo Joviano, fez uma casa e mudou o escritório, e o Chico trabalhava como escriturário ali. Eu lembro que, na hora do almoço, uma carruagem parecida com aquelas de faroeste trazia as pessoas para a cidade e as levava depois de volta. Mas o Chico vinha sempre numa charrete, com um senhor chamado José Jerônimo. Nossa casa e a de José Xavier dividiam o mesmo quintal. Então, nos dias de sessão, muitas vezes acontecia de o Chico chegar na rua, perceber que já havia muitos carros e pedir para entrar escondido pela nossa casa, para tomar um banho, e só depois ir para a sessão, senão nem isso ele conseguiria fazer.

P. – Como foi o dia da morte de José Xavier?
Sr. Jadir dos Santos Viana – Ele morreu num dia de carnaval. Ele tinha um cachorro chamado Lorde, que ele pintava todo e saía desfilando pelas ruas. Foi muito triste, porque ele tinha amizade com muita gente, todos gostavam dele. O enterro dele tinha muita gente. Na época, o velório era feito em casa e depois todos iam a pé até o cemitério.

P. – O senhor já leu as obras de Chico Xavier? Acha que ele tinha estudo suficiente para escrever tudo aquilo?
Sr. Jadir dos Santos Viana – Sou bastante católico, mas já li muitos livros do Chico, então até me considero um pouco espírita também, por convicção. O primeiro deles que eu li, *Parnaso de Além-túmulo*, eu tenho guardado até hoje. Sempre que saía um livro novo, as pessoas comentavam aqui em Pedro Leopoldo, mas a repercussão não era assim tão grande. Com certeza se falava mais em São Paulo, Rio de Janeiro e Belo Horizonte. Havia uma livraria em que a gente comprava os livros deles. Eu gostei bastante do *Nosso Lar*, porque explicava como eram as coisas no umbral, as colônias, sempre me trazia conforto e consolo quando eu lia, confiança de que a vida continuava. Eu considero que o Chico era inteligente, sim, mas não sei se suficiente para, por exemplo, imitar o estilo dos poetas que

apareceram em *Parnaso de Além-túmulo*. É um livro muito bonito, com poesias maravilhosas.

P – O senhor se lembra da época em que o padre Sinfrônio atacava Chico?
Sr. Jadir dos Santos Viana – Os católicos em geral não viam o Chico com muita simpatia, não. O padre Sinfrônio o atacava, sim, embora eu não tenha considerado uma perseguição implacável, mas era fato que a Igreja não ia muito com o Chico, principalmente na questão da reencarnação *versus* ressurreição. Eu, mesmo sendo católico, sempre acreditei muito mais na reencarnação; inclusive, li recentemente em um livro que quem decretou a ressurreição foi a esposa do imperador romano Justiniano, em 553 d.C., no Concílio de Constantinopla. Até essa época a Igreja aceitava a reencarnação, mas, depois desse ato da rainha, passou a negar.

2.5 **Sr. Geraldo Lúcio**

Motorista de táxi de Pedro Leopoldo que transportava Chico, que não tinha carro nem sabia dirigir.

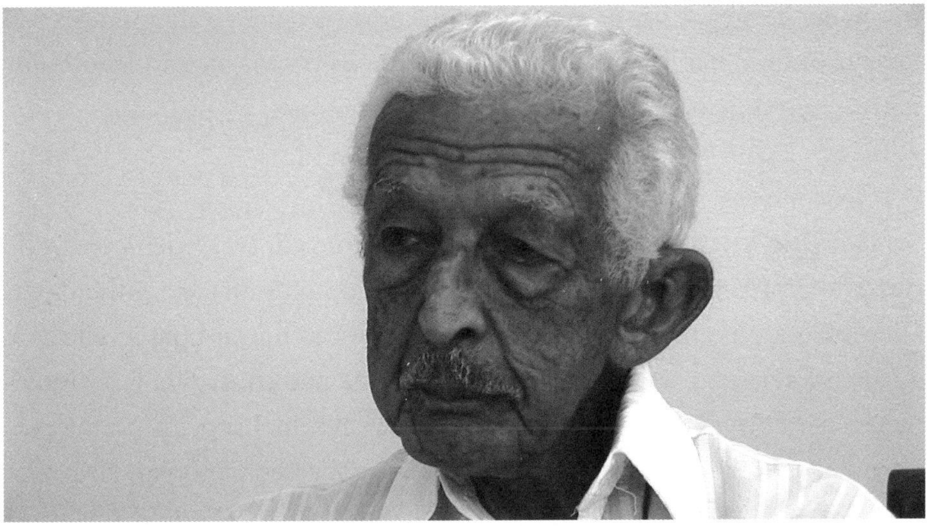

P. – Quando o senhor nasceu?

Sr. Geraldo Lúcio – Nasci em 13 de outubro de 1916, mas eu brinco dizendo que tenho apenas vinte anos. Porque, na verdade, era para eu ter morrido em 1934, se não fosse o Chico Xavier e a receita que ele me deu. Ninguém mais acreditava que eu fosse sobreviver, porque estava completamente paralisado. Em 1964, fui fazer uma tração de coluna, fiquei treze dias no hospital, e o médico falou na época que isso talvez fosse devido a uma queda que tenha tido. Então eu me lembrei que, antes do problema de 1934, eu estava com uma cesta de bananas de cada lado do corpo, vendendo. Perto de casa tem um córrego, havia um arrozal por ali e a descida era bem íngreme. Eu acabei levando um tombo ali, e depois disso comecei a sentir o corpo totalmente frio, gelado, minha mãe passava a mão e o calor me incomodava, e fui perdendo os movimentos aos poucos. Mas a partir do remédio dele, tomei pelo tempo que o Chico recomendou, e fiquei curado.

Meu pai morreu quando eu tinha dois anos, em 1919; minha irmã mais nova ainda não tinha um ano. Já passei fome, pedi esmola, mas graças a Deus nunca dei trabalho para ninguém. Desde 1944 eu me tornei independente; quando saí da fábrica de Peri-Peri, nunca mais trabalhei para os outros. Quer dizer, tive um comércio, vendia para os outros e alguns deles não me pagaram. Então acabei trabalhando para os outros, de um jeito ou de outro. Com doze anos eu já trabalhava de padeiro.

P. – Quando o senhor conheceu Chico?

Sr. Geraldo Lúcio – Eu comecei a conviver com Chico Xavier a partir do carnaval de 1934. Na época eu estava entrevado na cama, e a minha mãe, aflita porque eu estava passando muito mal, resolveu tirar uma receita com o Chico Xavier. Eu estava de uma maneira que não conseguia fazer movimento nenhum na cama, completamente paralisado. Ela pediu a uma moça, vizinha nossa, que pegasse minha idade e endereço para mandar para o Chico Xavier, pedindo uma receita. E o pai dele, João Cândido, quando a gente era pequeno, gostava de jogar balas para a gente. Ele vendia loteria na época. Gostava da gente quando éramos meninos.

No dia seguinte, o João Cândido nos entregou a receita e minha mãe foi à farmácia comprar os remédios. Na alimentação também eram ervas frescas. Quem foi me aplicar injeção foi o gerente da fábrica de Peri-Peri. Ele, quando começou a me dar as injeções, falou que os remédios eram muito bons, mas que o Chico não havia me visto pessoalmente, que ele não era médico, que eu deveria ir a um. E eu tinha feito uma promessa, na Sexta-feira da Paixão, de que, se eu estivesse caminhando, eu iria acompanhar a procissão descalço. Porém, nesse dia, eu ainda não tinha condições de acompanhar, porque a minha casa ficava distante uns cinco quilômetros do local da procissão, mas eu já estava caminhando novamente, graças aos remédios do Chico.

As pessoas ficaram tão impressionadas com o Chico por causa disso, que começaram a pedir que eu fosse na casa dele pedir receitas. Logo depois que eu sarei, depois da Quaresma, eu fui à Fazenda Modelo para agradecer a ele. Ele me recebeu muito bem, como se nós fôssemos grandes amigos.

Ele me disse que não precisava agradecer, pois na verdade tinha sido ajuda do Emmanuel.

P. – O senhor chegou a conhecer outros familiares do Chico?
Sr. Geraldo Lúcio – Não cheguei a conhecer os irmãos homens dele, mas conheci as irmãs. Quando conheci o João Cândido, ele já era viúvo, não cheguei a conhecer nenhuma das duas esposas que ele teve. Agora, ele, conheci muito, pessoalmente, fomos amigos a vida toda. Quando Chico precisava tomar um táxi, aos sábados, ele gostava especialmente de três motoristas que trabalhavam na praça: eu, o Juquinha e o Hermínio. E tinha também o José Albano, que não gostava das corridas do Chico, porque eram curtas. Então, o Chico, quando o via, falava: "Coitado do José Albano, ele gosta de corridas grandes apenas", e dava muita risada.

Juquinha comentava comigo que, coincidência ou não, depois das corridas que fazia para o Chico, tinha sempre muitos clientes para atender, o movimento aumentava. Chico quase sempre andava com o meu carro; aliás, toda vez que passava em frente à igreja matriz, ele tirava o chapéu respeitosamente. Ia sempre na Vila São Geraldo, ele, o Zeca Machado e seu filho, e mais algumas pessoas de fora da cidade, e quando estávamos chegando perto de um hospital que há lá, o Chico Xavier dizia: "A Scheilla está por aqui, sintam que cheiro gostoso". Um cheiro de éter.

P. – O senhor se lembra da inauguração do Centro Espírita Luiz Gonzaga?
Sr. Geraldo Lúcio – Sim, me lembro. Primeiro começou na casa do irmão dele, José Xavier, onde ele começou a dar as primeiras receitas, depois passou para o outro lado da rua.

P. – Chico cobrava pelas receitas?
Sr. Geraldo Lúcio – Nada. Nem presente ele aceitava. Tudo o que Chico fez foi para o bem dos outros, sem querer nada de pagamento. Nunca vi o Chico reclamar de nada, estava sempre de bem com a vida. Ele era uma pessoa muito procurada, não tinha descanso, e era muito querido.

No ano de 1948, minha esposa esteve muito ruim, com hemorragia que não parava. Ela então pediu que eu fosse até Chico pegar uma receita com ele. Ele me deu a receita, tinha quatro remédios, comprei e levei para ela. Porém, ela não sabia como tomar os remédios. E eu tinha uma prima, bastante católica, que morava na rua do Mataburro, que hoje se chama Dr. Rocha. Chico, na época, ia e voltava do almoço de charrete, e ela ficava na varanda esperando por ele, e o Chico parava lá para conversar com ela. Sabendo disso, eu peguei o carro e quando fui perguntar a ele sobre os remédios, ele me disse antes mesmo que eu começasse a falar: "Isso é muito fácil, diz para ela fazer o rodízio dos remédios". É como se a gente fizesse transmissão de pensamento.

P. – O senhor se lembra do André Luiz, irmão do Chico?
Sr. Geraldo Lúcio – Muito, era muito próximo de mim. Pouco antes de se mudar para São Paulo, ele comprou muitas bananas de mim. Eu aluguei um bananal da minha sogra e trazia a caminhonete cheia de bananas para vender. Ele tinha um comércio quase em frente à rua Roberto Belizário e comprava de mim. Hoje, ele deve se lembrar de mim como Geraldo Pé de Moleque porque, na época, eu comecei a trabalhar vendendo pé de moleque — esse meu doce ficou famoso na região. Pena que nunca ofereci ao Chico nenhum doce que eu fazia, mas para a irmã dele, a Lucília, eu sempre trazia frutas.

P. – O senhor se lembra do Dr. Rômulo Joviano, da Fazenda Modelo?
Sr. Geraldo Lúcio – Sim, demais. Tomei várias vezes passe com ele no Centro Espírita Luiz Gonzaga.

P. – Quando foi a última vez que o senhor esteve com Chico Xavier?
Sr. Geraldo Lúcio – A última vez que estive com o Chico foi na passagem de 1983 para 1984. Ele estava no asilo dos velhinhos, tinha muita gente, e eu vim trazendo um amigo da minha filha, que queria conhecer o Chico. Então, eu enfrentei a fila grande, e quando chegou a minha vez e cheguei

até ele, estava sentado numa pequena mesa, o povo passava, cumprimentava e passava, e tinha uma velha que ficava organizando o povo. Então, quando a minha vez chegou, ele se levantou da mesa e me abraçou, e começou a conversar comigo. Perguntando justamente pela Valéria, ele chegou até mim e disse: "Esse aí, eu é que quero conversar com ele". Eu não tinha mais notícias dela, mas fiquei sabendo que na época ela já havia morrido. Ele admirava uma mulher muda chamada Valéria, porque, tentando conversar com ela, ela conseguiu dizer "Jesus", e antes ela não falava nada. Pelo que me lembro, ela disse isso uma única vez. Eu também a conhecia.

Havia uma ponte que levava para a estação de trem de Dr. Lundi. Tinha um homem que ficava por ali e, toda pessoa de fora que chegava, ele fazia questão de levar para conhecer o Chico Xavier. Só que esse homem era muito pobre, apesar de estudado, e o braço direito dele era bem machucado. Outro dia, conversando com o Chico sobre esse homem, ele me disse que aquele homem, em outra encarnação, havia sido chibatador de escravos, batia neles com o chicote.

Teve uma vez que, na Vila São Geraldo, Chico ganhou um relógio de ouro. Outro dia, andando por ali, uma moça viu o relógio, achou muito bonito e disse algo como se quisesse ter ganho um relógio daqueles também. Pois o Chico tirou o relógio do pulso e deu para ela. Na Vila São Geraldo ele distribuía remédios, dinheiro.

P. – O que o senhor teria mais para dizer sobre o Chico?

Sr. Geraldo Lúcio – Até hoje eu rezo por ele, até hoje ainda confio nele.

2.6 **Sr. Antonio de Pádua Malaquias**

Quando menino, em 1952, participou de uma sessão de materializações na casa de André Luiz, irmão de Chico Xavier.

P. – Quando criança, como conseguiu entrar numa reunião de materialização que Chico Xavier realizou na casa do irmão André Luiz?

Sr. Antonio de Pádua Malaquias – As sessões de materialização eram à noite, depois das reuniões no Luiz Gonzaga, na casa da minha irmã, Edith, esposa do André, e meus pais faziam parte do grupo, assistiam. Um dia, eu e minha irmã menor fomos escondidos até lá, pois ficávamos em casa. Chegamos lá, ninguém queria nos deixar assistir. Éramos pequenos, eu tinha uns sete anos. Chico foi consultado se podíamos ficar, e ele autorizou dizendo que, se tínhamos chegado até ali, é porque podíamos assistir à reunião. Eu assisti toda; me lembro bem da minha avó Ambrosina — nos trazia doces, eram umas duas ou três barras de doce, que comíamos alegremente; era doce comum, materializado. Também sentíamos o perfume de Scheilla, que perfumava os lenços que minha mãe levava para as reuniões, e se podia tentar de tudo para tirar o cheiro, mas ele não saía mais — um perfume agradável, que não fere as narinas. Eram dois quartos: em um o Chico ficava, o outro servia de passagem para os Espíritos irem até a sala. Mas ela não podia ir até onde nós estávamos, ela tinha uma luz que brilhava muito, então ela não ia até a sala para não machucar nossas vistas com aquela luz; a gente a via de longe. Depois ela ia embora e vinha outra entidade espiritual.

Nesse dia, meu pai sofreu uma operação espiritual para retirar pedras da vesícula. Não conseguíamos ver, porque estava escuro, mas ouvíamos as pedras caindo nos recipientes metálicos. Não lembro o nome do médico espiritual, mas a Scheilla estava na equipe. Depois da operação, veio Emmanuel, "homem" alto, vestido de romano, com uma espécie de coração alaranjado na mão. Não falava nada, simplesmente aparecia, ficava um pouco e se retirava. A luz dele não nos ofuscava, era diferente daquela da minha avó, que envolvia todo o ambiente. A dele circundava apenas o corpo, permitia que você visse a fisionomia dele. Eu lembro que nessa reunião chegou bem perto de mim uma entidade vestida de padre, baixo, parado, com vestimenta cheia de pequenas estrelas; tive até receio, porque era criança, depois foi embora, sem falar nada. Até hoje não sei o motivo de ela ter aparecido e ficado ao meu lado.

Mesmo passado tanto tempo, me lembro muito dos detalhes da reunião, porque foi algo que me marcou muito. E o que poderia ter marcado minha entrada no mundo espírita acabou ficando para trás, porque anos depois me mudei para Ouro Preto e minha vida tomou outro rumo. Apenas do ano 2000 para cá é que minha vida apontou para esse lado, então eu procuro ler, estudar muito a respeito, me inteirar da Doutrina, que eu acho muito bonita.

P. – Como o senhor sabia que a entidade que lhe deu os doces era sua avó?

Sr. Antonio de Pádua Malaquias – Minha mãe falou, porque eu, de fato, não me lembrava dela, pois havia desencarnado quando eu ainda era muito pequeno. Era uma senhora adulta, meio encurvada e minha mãe me disse: "É minha mãe que está aí, Antonio". Então, eu olhei e vi. Tem até um livro que tem o retrato dela materializada, que é exatamente a imagem que vi no dia da reunião. Inclusive, a pessoa que fez esses desenhos estava lá também. Uns meses atrás, eu estava com um problema sério de coluna, eu mal conseguia andar; fui ao médico, fiz os exames e deu uma grande hérnia de disco. Não queria operar, o médico também não, e numa dessas reuniões espíritas, meu irmão Zezeu me falou: "Nossa avó mandou um presente para você". Ele pediu para que eu me levantasse, erguesse a camisa e colocou a mão em minhas costas, dizendo que era um remédio que nossa avó Ambrosina mandava para a minha coluna. Minha irmã também encostou as mãos em minhas costas e eu senti uma queimação naquela área, como se fosse um ferro morno. Acabamos a reunião, eu fui embora e, na manhã seguinte, me levantei da cama como se nunca tivesse tido nenhum problema.

P. – O senhor sempre se considerou espírita?
Sr. Antonio de Pádua Malaquias – Como espírita, eu me considero desde 2004, aproximadamente, apesar de ter nascido em família espírita. Eu sempre me preocupei em estudar matemática, me vi voltado para o estudo, que eu achava que me sairia melhor. Depois, desisti do curso, porque não estava encontrando muito espaço. Parece que algo estava me encaminhando para outro lado. Voltei para Pedro Leopoldo, trabalhei em uma empresa por doze anos e hoje milito na área do ensino. Temos um grupo de estudos com a minha irmã, às quartas e sextas, de estudos, passes e desobsessão.

P. – Como é para um matemático passar por uma situação dessa quando criança?
Sr. Antonio de Pádua Malaquias – A Ciência não explica tudo na vida. Nós temos essa parte espiritual que a Ciência ainda se nega a estudar, a acreditar, mas os tempos estão chegando, e eu acho que o Espiritismo é para melhorar nosso interior, serve para nos melhorar.

2.7 **Sr. Arnaldo Rocha**

Amigo de Chico Xavier e viúvo de Meimei, residente em Belo Horizonte.

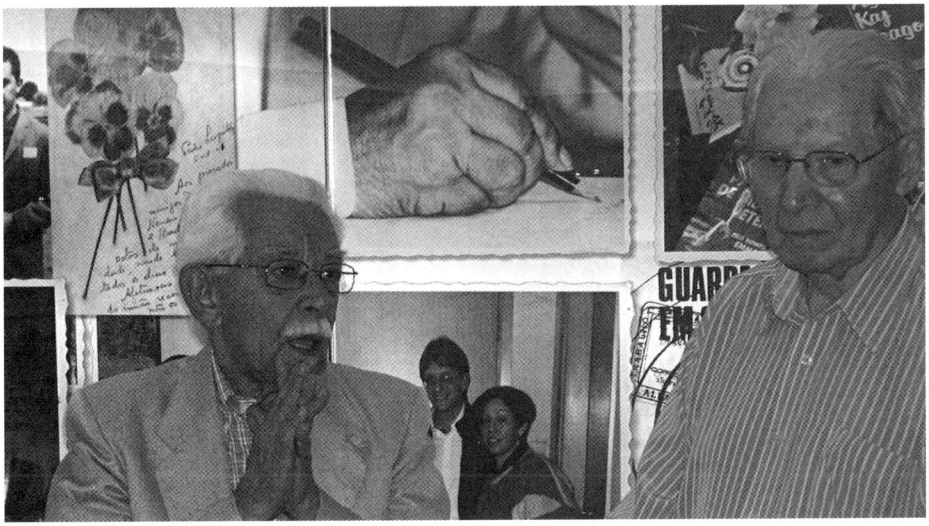

Diálogo entre Arnaldo Rocha, que acompanhou várias gravações de entrevistas, e Altivo Ferreira, vice-presidente da FEB e editor de *Reformador*.

Sr. Arnaldo Rocha – Altivo, qual a sensação de estar, pela primeira vez, na casa em que viveu Francisco Cândido Xavier de 1946 a 1959?

Sr. Altivo Ferreira – Sinto profunda emoção. Tive muitos contatos com Chico Xavier em Uberaba, São Paulo, em Santos; trocamos correspondências, mas é a primeira vez que tenho a oportunidade de estar aqui em sua casa, onde ele iniciou o trabalho missionário, complementando a extraordinária obra de codificação de Allan Kardec.

Arnaldo Rocha, eu sei que você frequentou muito esta casa e foi uma testemunha ocular de muitos fatos extraordinários que aqui aconteceram, tirando as psicografias que foram recebidas do Alto. Muitos anos depois, com a casa já toda reformada, você vem aqui novamente, desta vez recebendo os irmãos da FEB, da qual foi um dos principais colaboradores na década de 1950. Depois que a família Joviano se mudou para o Rio de Janeiro, colaborou na elaboração e no envio dos livros para a Federação Espírita Brasileira. Hoje, em junho de 2008, estamos aqui, eu como atual editor da *Reformador*, revista que teve como editor Antônio Wantuil de Freitas, para quem você certamente enviou muitos manuscritos psicografados pelo Chico Xavier.

Sr. Arnaldo Rocha – Eu acompanhei Chico muitas vezes ao cartório, localizado bem próximo daqui, com o intuito de fazer a doação. Durante anos, fazíamos isso pelos Correios, mas houve um problema e, a partir daí, Antônio Wantuil de Freitas designou uma pessoa para vir até aqui. Certa vez, Chico enviou um livro, mas essa obra se perdeu. Houve um desencontro, com a Federação pedindo o livro, Chico mandando um comprovante de que tinha, de fato, remetido a obra. Então, uma pessoa, não sei se da própria Federação, publicou um livro colocando a si mesmo como o pretenso autor; tempos depois, descobriu-se que era o livro enviado por Chico e reclamado pela Federação. Hoje esta obra se chama *Seiva de Luz*, e o Antônio Wantuil, numa atitude muito bonita, revelou toda a história, ainda que preservando o nome de quem se apropriou do livro de maneira indevida. A única vez em que conversei com o Antônio Wantuil foi por ocasião de uma ideia que tive de mostrar à comunidade espírita o Chico médium, pois tínhamos as gravações em fitas, mas como à época poucas pessoas possuíam gravador para escutá-las, foi sugerido que colocássemos tudo aquilo no papel, vindo daí a ideia de organizar a obra *Instruções Psicofônicas*, tendo eu lutado com o Chico para que meu nome não fosse colocado, já que meu único trabalho havia sido passar para o papel. Antônio Wantuil de Freitas então nos disse para organizarmos o livro, que a Federação o editaria.

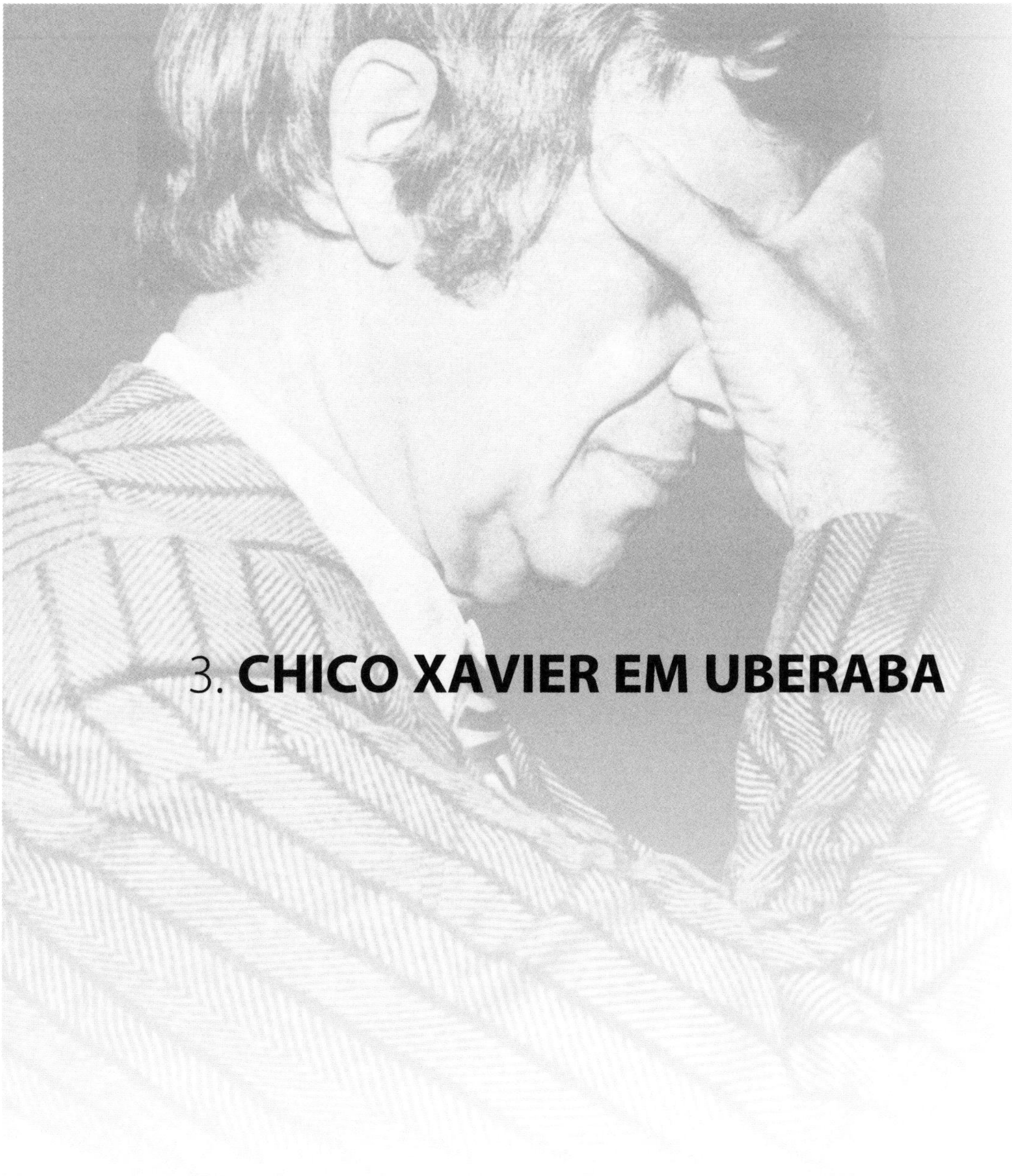

3. CHICO XAVIER EM UBERABA

3.1 **D. Dalva Borges**

Dirigente da Comunhão Espírita Cristã, de Uberaba, quando Chico Xavier se mudou para aquela cidade em 1959.

P. – Como foi a chegada de Chico Xavier em Uberaba?

D. Dalva Borges – Foi muito interessante; eu sempre fui amiga do Dr. Waldo Vieira, frequentávamos o mesmo centro espírita e ele me contou que o Chico viria, mas que seria aos poucos. Passaram uns dias, o Waldo aparece aflito e me pede para ir a sua casa, pois Chico estava lá, e era pra eu levar o Dr. Hernani Neri, a esposa dele, assim como um outro casal de amigos. Chegando lá, uma chuva forte, a casa era muito pequena, a sala em que ambos ficaram era bastante reduzida e os dois conversavam, fazendo assim a reunião.

Foi difícil, nesse dia, fazer uma reunião, até mesmo um passe. No outro dia, deveríamos voltar, mas foi convidada mais gente para ir. Nós resolvemos fazer o passe numa cisterna tampada, as pessoas se sentavam em volta, num ambiente aconchegante; as mensagens vinham, correu tudo muito bem. Sempre a gente conversava sobre o espaço, muito pequeno, então

Waldo me disse que sabia que o terreno ao lado pertencia a um primo meu, Sandro, filho do Ranulfo Borges. Fomos até ele, conversamos, e ele deu o terreno para nós. Mas um só terreno ainda não dava, e nós fomos pouco a pouco adquirindo mais terrenos, todos ajudando.

Então começaram as reuniões semanais. Chico muito alegre, satisfeito; de vez em quando ele e Waldo iam a Pedro Leopoldo, as pessoas de lá vinham visitá-lo também, e foi assim que começou o trabalho, sempre aumentando. Teve uma vez em que não fui à reunião, acho que eu estava doente, porque nunca faltava, e depois, encontrando com o Chico, ele comentou que havia "um barulho estranho na casa". Eles conversaram e resolveram fazer uma casa maior. Veio um senhor de São Paulo, ele tinha uma construtora grande, e fez a planta do local, planejou e as coisas foram acontecendo.

P. – Como era a rotina de vocês que tanto ajudaram o Chico, madrugada adentro, algumas vezes, até já amanhecendo.

D. Dalva Borges – Muitas vezes, saíamos tarde mesmo, e no outro dia levantávamos cedo para trabalhar, e aguentávamos. Com o tempo, com a estrutura se expandindo, foi possível construir uma cozinha, e passamos a servir lanche, rosca, e no princípio eu ficava acanhada de pedir a alguém para fazer o café. Então, depois que estava tudo encaminhado, deixava alguém no meu lugar e ia para a cozinha fazer. Waldo não gostou muito da ideia e acabou pedindo para uma companheira passar a fazer isso, que se tornou responsável a partir de então. Mas nessa época, eu já tinha uma certa idade, estava mais cansada; o Madeira já estava em Uberaba, e como queria estudar mais, saía das reuniões um pouco mais cedo, me deixando em casa também. E, de um jeito ou de outro, eu ficava sabendo o que tinha se passado na reunião com alguém que participou dela. Agradeço muito a Deus de ter tido essa oportunidade de trabalho. Tive companheiros na diretoria que fizeram muito por mim. Eu era a única mulher; não brigávamos; tinha o João Jorge, o Lázaro Gonçalves e os frequentadores; acredito que tratei bem, fiquei amiga de todos; então deu para eu aproveitar bem a oportunidade de trabalho.

P. – O que a senhora pode dizer do trabalho conjunto de Chico Xavier e Waldo Vieira na parte mediúnica?

D. Dalva Borges – Chico era aquela beleza mediúnica que todos conhecemos. Numa certa época, fiz uma cirurgia pesada, tinha um cisto muito grande e fiquei impossibilitada de pegar peso por um tempo, mas quando fui trabalhar na Comunhão a convite do Waldo, ele me dizia: "Dalva, não faça nada pesado, você é administradora, mande os outros fazer". Mas eu não consigo ser assim, eu gosto de fazer para mostrar como deve ser feito, e de vez em quando eu pegava sozinha um banco para colocar em um lugar diferente. Teve um dia em que ele começou a receber mensagens, as receitas; eu olhei e vi um monte de papel com ele. Não falei nada, peguei um papel, escrevi meu nome e coloquei junto no monte. Acabada a reunião, ele me chamou de canto e disse: "Nunca mais pegue um banco do jeito que você está acostumada a pegar, você não pode". "Por que não?" E ele me relatou inteiramente a cirurgia pela qual eu havia passado. Então eu acho que havia uma semelhança com a mediunidade do Chico. O Chico mais experiente, claro, mas havia sim. Acho que vem daí a amizade deles, a união que tiveram.

P. – É sabido que Chico, mesmo tendo à disposição notáveis defesas espirituais contra baixas vibrações, de vez em quando precisava se reequilibrar fluidicamente, e uma das pessoas que mais o ajudaram nesse sentido foi Antusa Ferreira Martins. O que a senhora pode dizer dela e de outras pessoas próximas de Chico?

D. Dalva Borges – Antusa era muda, surda, então ela tinha dificuldades de se expressar, mas transmitia passe constantemente durante todas as manhãs, e atendia uma quantidade de gente muito grande. Chico falava muito nela, mas poucas vezes ela foi ao centro, muito em virtude da dificuldade de comunicação. Mas ela era uma médium muito boa, muito séria, daquelas que repreendiam se, por exemplo, tivesse dado certas instruções a uma pessoa e, na semana seguinte, essa pessoa voltasse e não tivesse feito o que ela tinha pedido, quer dizer, ela tinha muita certeza do que fazia. Eu nunca a vi aplicando passe em Chico, mas é verdade que de vez em quando ele ia lá. Além dela, o Chico tinha os amigos dele.

P. – Qual era a rotina diária de Chico Xavier em Uberaba?

D. Dalva Borges – Eu nunca soube exatamente. Só quando ele resolvia falar o que tinha feito no dia, pois eram raras as vezes que tínhamos a oportunidade de conversar. Eu não tinha acesso à casa dele, a não ser por necessidade de assuntos doutrinários. Ele tinha o hábito de tomar café num bar da praça, mas, como eu trabalhava, eu nunca pude acompanhá-lo. Além disso, eu tinha a minha família, a quem deveria dar assistência: meu pai bem mais velho, minha mãe; então, sempre que eu tinha oportunidade de ir para casa mais cedo, eu ia para descansar um pouco, já que trabalhava durante o dia e ajudava nas reuniões à noite.

P. – Como era o relacionamento de Chico com as pessoas que o ajudavam no centro espírita? Como ele as tratava?

D. Dalva Borges – Chico sempre tratou todos muito bem, fossem visitantes de fora, fossem pessoas de Uberaba que trabalhavam com ele ou iam visitá-lo, de modo que ele fazia uma festa, as conversas eram sempre agradáveis, todo mundo satisfeito, muita gente ouvindo.

P. – Conte-nos um pouco sobre o Festival de Natal.

D. Dalva Borges – Nós tínhamos três festivais: um era do Dr. Bezerra de Menezes, um do Natal e um do Livro. Eram festivais de boa ação, como eu nunca tinha visto antes. Havia muitas doações: arroz, feijão, macarrão e óleo, mas em muita quantidade. Dinheiro também. Chico de vez em quando distribuía dinheiro para algumas pessoas bem necessitadas, mas ele fazia sempre de maneira discreta. Teve certa vez que contamos quase dez mil pessoas participando desses festivais. Era um trabalho muito bonito, bom, embora penoso, durante o dia todo, até tarde da noite.

P. – A senhora se incomodava com pessoas que vinham de fora, que não eram espíritas e que acabavam sugando o Chico?

D. Dalva Borges – A gente sempre se incomodava, mas eu tinha dó também dos sugadores. A pessoa que não era espírita ia porque de fato tinha alguma necessidade, e essa necessidade tinha que ser amparada; o encontro com o Chico podia ser bom para aquela pessoa, porque eu acho que a pessoa que não tem fé sofre muito, a pessoa que tem uma pequena luz que seja já se defende, ela procura melhorar, pois a vida é difícil de ser vivida.

P. – Qual foi a repercussão gerada pela primeira aparição de Chico na TV, na entrevista com o Saulo Gomes, em 1968, em que ele psicografa Emmanuel e lê a mensagem depois?

D. Dalva Borges – Muito grande e boa. Saulo veio a Uberaba muitas vezes, o que deixava a gente tranquilo de que ele seria um protetor do Chico também no tocante à TV, já que muitas vezes o Chico não sabia se ia conseguir dar conta. Mesmo com essa maior divulgação do Espiritismo, e o medo que algumas pessoas tinham de que talvez os centros espíritas não estivessem preparados para o aumento de fluxo, o Chico sempre se mostrou confiante de que conseguiriam cumprir a tarefa de atender a todos.

3.2 **Dr. José da Silva Madeira**

Médico, trabalhou na Comunhão Espírita Cristã com Chico Xavier desde sua chegada a Uberaba. Residente na mesma cidade.

P. – Como foi o início da editora da Comunhão Espírita Cristã?
Dr. José da Silva Madeira – Foi por intermédio do Jorge Saraiva e do Paulo Saraiva, donos das gráficas Saraiva em São Paulo. Ele ofereceu à Comunhão uma edição completa de um livro em miniatura, que naquele tempo ainda não era comum. Foi feito então o *Ideal Espírita*. Esse foi o início.

P. – Depois foram publicados outros livros. O que o senhor pode dizer a respeito do impacto desses livros no meio espírita?
Dr. José da Silva Madeira – A Comunhão não tinha meio de propagação espírita e muito menos comercial. Então eu pedi ao Sr. Saraiva se ele poderia me oferecer o endereço de seus representantes comerciais pelo Brasil. Ele me deu a lista e então nós, da Comunhão Espírita Cristã, escrevemos a esses representantes, que passaram a ser então nossos representantes. Nesse sentido, o segundo livro, *Opinião Espírita*, foi ofertado ao mercado,

sendo vendidas 5.500 unidades antes de sair do prelo. Talvez tenha sido o fato mais marcante.

P. – O senhor se recorda de algum fato interessante relacionado a Chico Xavier e sua atuação, na década de 1960, na Comunhão Espírita Cristã?
Dr. José da Silva Madeira – Lembro que, em certa ocasião, um escritor havia feito um livro e estava com dificuldades em determinada matéria, e foi pedir orientação para o Chico. O escritor ficou um pouco atrapalhado, procurando a página do livro que queria comentar com o Chico, quando o Chico disse a ele: "Meu filho, é na página tal". Isso me faz recordar de Allan Kardec, que também foi advertido pelo Espírito da Verdade sobre um erro contido quando Kardec estava organizando *O Livro dos Espíritos*.

P. – Qual foi o impacto de Chico Xavier na vida de José Madeira antes e depois de conhecê-lo, inclusive em relação à escolha pela homeopatia?
Dr. José da Silva Madeira – A minha mudança para Uberaba se deve ao Chico; antes eu morava no Paraná. A homeopatia no ano de 1959 não era bem conceituada. Eu me mudei então para São Paulo e comecei a fazer o "cursinho", como dizem lá. O professor ia dar a matéria. Esses alunos já sabiam do que se tratava, e eu estava cru, porque havia oito anos que eu não estudava. Pensei que jamais conseguiria passar no vestibular. Então um colega do lado, sabendo que eu era espírita, me perguntou por que eu não ia para Uberaba, local em que o Chico Xavier morava, e dessa maneira conseguiria associar Espiritismo e Medicina. Então me mudei e fiquei. Fiz Medicina em Uberaba.

Quanto ao relacionamento com o Chico, o que me marcou mais foi a capacidade de trabalho dele. Não conheço ninguém que tenha trabalhado tanto. Era um homem doente, mas as forças espirituais que o mantinham eram superiores às doenças; trabalhava até de madrugada, mas não se sentia cansado; ele não se cansava — se deitava às quatro da manhã, levantava-se às seis, seis e meia, tirava um cochilo rápido depois do almoço e o resto do dia era de puro trabalho.

O exercício físico dele era ir à pé da Comunhão até a praça Rui Barbosa, onde tomava um cafezinho, e depois voltava. A minha opção pela especialização em homeopatia se deve ao Dr. Bezerra de Menezes. A minha pretensão inicial era seguir no ramo da Psiquiatria, e por duas oportunidades, enquanto eu estudava, o Chico me falou que o Dr. Bezerra mandava um recado para que eu fizesse Clínica Geral. Apesar disso, eu insisti e acabei fazendo Psiquiatria.

O médico escolhe sua especialidade de acordo com sua personalidade; psiquiatra escolhe ser assim para tratar do doido que ele é. Esse foi um primeiro motivo para eu escolher Psiquiatria; o segundo foi porque, por meio de um irmão que tive e a quem devo muito; e a Lázaro Nuno Gonçalves, que tinha uma doença chamada ciclotimia ou psicose maníaco-depressiva, que foi um pai para mim. Quando ele tinha suas crises, eu ficava com ele, e aquilo acabou incutindo em mim o desejo pela Psiquiatria. Então o Dr. Bezerra, pela segunda vez, por meio do Chico, me indicava seguir o caminho da Clínica Geral.

Em 1984, fui convidado a fazer homeopatia. É uma especialidade muito difícil. Recordo que nós estávamos fazendo um culto no Lar Espírita André Luiz e eu senti na cabeça um motor funcionando, e dali para frente meu raciocínio em homeopatia aumentou muito, que se tornou menos difícil.

P. – O que o senhor pode falar mais sobre Chico?

Dr. José da Silva Madeira – Ele falava pelo exemplo. Perguntaram-me outro dia quem era a pessoa que eu mais admirava, no que eu respondi que, depois de Cristo, era Chico Xavier. Ele foi um gigante do trabalho e da prática do bem. Gostava muito de cafezinho e de comer queijo.

3.3 **Dr. Antônio Borges da Silva**

Advogado, presidente da Comunhão Espírita Cristã, de Uberaba.

P. – A editora da CEC tem editado alguns dos mais representativos livros de Chico Xavier no tocante à sua mediunidade. O que o senhor pode dizer a respeito delas?

Dr. Antônio Borges da Silva – Uma orientação que recebi da diretoria anterior é que esses livros, além da divulgação espírita, pudessem ter um rendimento que significasse um valor ou mesmo um trabalho na área social. Então, na CEC hoje, todo o rendimento dos livros, e a gente procura fazer um preço acessível ao mercado, para que não onere os espíritas com baixo poder aquisitivo, está destinado às nossas obras sociais. Temos um lar, um trabalho de corte e costura, fornecemos cestas básicas, mantemos lanches para as crianças no trabalho de evangelização e mais algumas ajudas anônimas, até pequenas bolsas de estudo. Procuramos usar os rendimentos respeitando o capital necessário para se tocar a editora, dentro dessas áreas sociais.

E me parece que o grande objetivo do Chico Xavier, ao oferecer essas obras para as editoras gratuitamente, com cessão registrada em cartórios, foi impulsionar essa motivação de que as obras pudessem ter capacidade de tocar para frente o trabalho que ele próprio deixou como exemplo, que foi a distribuição de alimentos, remédios, dinheiro. Isso tudo sem contar a grande repercussão e possibilidade de aprendizado que os livros oferecem.

P. – Como está o processo de tradução e edição dos livros de Chico para outros idiomas?

Dr. Antônio Borges da Silva – A diretoria da CEC cedeu os direitos autorais para um grupo espírita da Inglaterra, que estava se formando, e eles traduziram para o inglês o livro *Sinal Verde*, assim como uma ou duas outras obras, que estão circulando. Fizemos também a cessão de direitos do *Palavras de vida eterna* para o italiano, que foi editado pelas Casas Nazareno, de São Paulo, e também fizemos a cessão a um senhor da Venezuela, Alípio Gonzalez, com mediação de Salvador Gentile, para que nossos livros fossem traduzidos para o espanhol. Hoje, esses livros estão sendo confeccionados na IDE, em Araras (SP), distribuídos e vendidos. O Sr. Alípio faz um trabalho importante de distribuição pela América Latina.

P. – O que o senhor acha dessa expansão das obras psicografadas pelo Chico Xavier para outros idiomas?

Dr. Antônio Borges da Silva – Conversando com o senhor Nestor João Masotti, do Conselho Espírita Internacional, ele nos informou sobre os planos de expandir a divulgação das obras de Chico para outras fronteiras e línguas, e eu acho que será uma motivação muito grande para que muitas pessoas passem a conhecer o Espiritismo. Sabemos que as obras de Emmanuel e André Luiz complementam de forma muito interessante, fraterna e emocional as obras de Allan Kardec. Nas obras de André Luiz e Emmanuel, em nenhum momento existe um espírito que seja criminoso, maldoso, fora da lei do amor e da caridade; não há referência dizendo que alguém era irrecuperável. Acho isso muito interessante, porque traz um sentimento muito grande, não há menção nem mesmo à classificação que Kardec fez, como, espírito brincalhão, obsessor etc. Acho interessante porque ambos os autores espirituais fazem uma espécie de decodificação da Doutrina. Emmanuel, no lançamento da sexta edição de *Parnaso de Além-túmulo*, pediu que se retirassem determinadas poesias que traziam termos negativos, como dor, guerra, besta do apocalipse, porque era um momento de se trabalhar a educação positiva.

P. – Como o senhor via Chico Xavier no cotidiano? Como era sua personalidade?

Dr. Antônio Borges da Silva – Chico era um homem normal fora dos trabalhos. Muito sério e muito absoluto no seu "sim" e no "não", e isso foi assim até sua desencarnação. Era brincalhão, gostava de falar sobre alimentação, brincadeiras do dia a dia, piadas de salão, muito espirituoso. Às vezes alguém o apertava em determinado assunto e ele tinha uma saída muito estratégica, sem ferir ninguém, nas vezes em que o vi conversar.

Pessoalmente, tomamos muitos cafés, tratamos de diversos assuntos, falamos de pessoas que o procuravam, atores, artistas que estavam com dificuldades, como o Roberto Carlos, tudo com muita simplicidade, nada de fofoca, como orientação. Nunca demonstrava cansaço nas reuniões à noite, sisudez, má vontade. Me lembro de uma vez em que estive com o Augusto César Vannucci. À época ele era diretor do programa Fantástico, vinha muito a Uberaba, uma pessoa que trabalhou muito para o Espiritismo, praticamente fundou um centro dentro da TV Globo; muitos atores hoje são espíritas — então chegou uma pessoa e comentou com o Chico: "Chico, terminei meu casamento, não sei se me caso de novo...". Chico olhou para o Vannucci e disse, em tom de brincadeira, para o rapaz: "Olha, eu nunca fui casado, mas tenho certeza de que o Vannucci pode lhe aconselhar, já que ele foi casado por oito vezes". Teve um outro caso também, de um vizinho que roubava verduras do outro. O vizinho veio reclamar com o Chico, que lhe disse: "Faz assim, deixa a chave com seu vizinho para que ele tome conta das verduras".

P – Chico trabalhava com a desobsessão espírita ou ele se limitava às reuniões de esclarecimento doutrinário?

Dr. Antônio Borges da Silva – Nós temos até hoje na CEC um trabalho, às quartas-feiras à noite, dirigido pelo Dr. Elias Barbosa, e esse trabalho é da época do Chico. Eu não frequentava na época, mas tenho conhecimento de que Chico se envolvia, sim, lidando com Espíritos às vezes muito difíceis e que não era algo tão controlado como as pessoas gostam de pensar, por mais que fosse o Chico um médium espetacular. Me lembro de uma história que me contaram de que o Chico, certa vez, recebeu um Espírito tão difícil, que foi acabar embaixo da mesa. Os Espíritos mais difíceis ficavam com o Chico. Ele doava seu corpo àqueles que precisavam, participava. E é um trabalho que permanece até hoje, e me parece ser a grande antena da CEC para receber vibrações negativas, porque a Comunhão Espírita Cristã, como o Grupo Espírita da Prece, é uma casa que abrigou Chico por muitos anos. Naturalmente há espíritos interessados em que ela não funcione bem, por meio de boatos, cisões etc. São fatores que temos observado no decorrer dos anos, de que há um movimento espiritual para que as casas nas quais Chico Xavier trabalhou ou influenciou não trabalhem bem. E além dos trabalhos de desobsessão e das reuniões de esclarecimento, Chico fazia o culto de Evangelho no lar, participava de trabalhos de auxílio a obsidiados e obsessores, além de inúmeras receitas de homeopatia. À época, não tínhamos farmácia homeopática em Uberaba, o que nos motivou a criar uma particular em um outro centro em que eu trabalhava, para atender essa demanda. Quando fomos para a CEC, levamos esse trabalho para lá e continuamos atendendo a muitas receitas do Chico, que ele fornecia no Grupo Espírita da Prece.

P. – Que fato foi marcante na sua vida em relação a Chico Xavier? Algo como uma lição que o senhor levará consigo.

Dr. Antônio Borges da Silva – É difícil separar um único fato, algo que tenha sido pontual. Mas um ato de amor enorme me marcou muito. Havia a distribuição de alimentos nos festivais, um número enorme de pessoas, quase dez mil, uma fila muito grande, e havia pessoas que entravam mais de uma vez na fila. Um companheiro nosso, para evitar isso, resolveu marcar o dedo de cada um com uma almofadinha de carimbo, para identificar as pessoas. Isso me marcou muito, para não distinguirmos nunca as pessoas, esteja ela entrando numa fila, pedindo dinheiro para realmente comprar pão ou para beber no bar, mentindo. Na edição seguinte do festival, Chico pediu que não se fizesse mais isso, porque dizia que aquele que voltava à fila era ainda mais necessitado do que aquele que havia passado uma vez. Isso para mim, pessoalmente, marcou muito. Chico nos dizia que estávamos tendo a oportunidade de distribuir; quem recebe é dono e deve fazer disso o que quiser.

3.4 **Dr. Elias Barbosa**

Médico, pesquisador literário, amigo e organizador de várias obras psicografadas por Chico Xavier e autor de quase uma dezena de livros sobre o médium. Residente em Uberaba.

P. – O que o senhor pode nos dizer da convivência que teve com Chico Xavier e com as famílias que os procuraram?

Dr. Elias Barbosa – O que eu sempre notava é que certas famílias chegavam desesperadas, se sentavam no banco. Chico Xavier estava psicografando as receitas, o povo pedindo muita orientação, e quando ele lia alguma mensagem, alguém lá de trás gritava "É meu filho!", Chico entregava a mensagem e eu procurava a família e perguntava se dava permissão de nós incluirmos os dados num livro. Na maioria das vezes, no dia seguinte íamos ao hotel em que estavam hospedados e anotávamos tudo — nome completo, quem era, quando nasceu, quando desencarnou etc. E eu perguntava sempre também se me permitiam colocar o endereço, para que as pessoas pudessem confirmar. Houve um caso interessante, em Uberaba, de um rapaz que se suicidou. Seu irmão era militar; ele chegou na casa desse irmão, pegou o revólver e deu um tiro no ouvido. Ele se comunicou pelo Chico — a mãe desesperada — e revelou coisas que ninguém sabia; ela ficou assustada porque não falou nada; e na assinatura dele, que se chamava Milton, ele colocou 1000. E essa senhora, hoje já desencarnada, recebia telefonemas quase todo dia, o povo perguntando se era verdade.

Teve um outro caso: o filho de um senhor desencarnou depois de um acidente de carro, mandou uma mensagem; os pais ficaram assustados com a beleza da mensagem. Fui a casa deles para entrevistá-los. Alguns anos depois, o pai desse rapaz me procurou para entregar uma fotocópia de uma carta que uma moça escreveu para ele. A carta dizia que ela estava se preparando para se suicidar e o filho desse senhor apareceu para ela, deu o nome, disse que tinha uma mensagem em tal livro, e disse também: "se você quiser consumar, vai perder seu tempo, porque não morremos completamente. Eu bati num poste e eu estou aqui". Eu tenho guardada a fotocópia. Esse senhor também já desencarnou. Eram casos impressionantes.

P. – O senhor é um profissional da área da saúde e um espírita convicto. Juntando as duas áreas de conhecimento, que análise o senhor faria sobre as consequências desse trabalho mediúnico de Chico Xavier junto às famílias, buscando o reequilíbrio delas?

Dr. Elias Barbosa – Foi muito importante. Havia casos, por exemplo, em que os familiares que guardavam remorsos entravam em pânico, alguns até em surto psicótico, mas a mensagem chegava trazendo o consolo, e aquelas pessoas saíam daquele quadro. E eu sempre recomendava a eles que continuassem frequentando o centro espírita, participando das palestras, tomando passe e medicação, se o caso fosse de depressão ou de surto psicótico. Mas era impressionante o consolo que trazia o Espírito, porque ele se referia às pessoas — o cunhado, o irmão —, e Chico não conhecia ninguém, provando que era algo além do Chico. E os entrevistados percebiam nas entrelinhas que só podia ser determinado Espírito. Tinha coisas ali que não havia possibilidade de que alguém tivesse falado anteriormente com o Chico.

P. – O que o senhor pode dizer sobre os estudos que alguns cientistas, inclusive da NASA, fizeram com o Chico na década de 1960?
Dr. Elias Barbosa – Na época, o Chico, com sua humildade, não fez referência nenhuma. Mais tarde, eu tive conhecimento pelo jornal *O Estado de São Paulo*, que publicou o fato. Eles realmente vieram aqui, e alguns espíritas que ficaram sabendo disseram que conseguiram detectar a aura do Chico, de grande dimensão. Mas não sei muito mais do que isso, porque eu nunca fazia perguntas indiscretas ao Chico. Ele não me falava nada, então eu também ficava em silêncio.

P. – Havia a proposta de criar uma exposição espírita permanente em Uberaba. O que o senhor pode nos dizer a respeito?
Dr. Elias Barbosa – Na época, era eu quem tinha a intenção de organizar, mas como minha vida era sempre agitada, porque eu trabalhava no consultório, no sanatório espírita e era professor da Faculdade de Medicina, não tinha tempo. Então, um dia, falei com o Waldo Vieira, que era entusiasmado. Aí houve deliberação de transformar o local no Lar Espírita André Luiz e editora Comunhão Espírita Cristã, onde seria a exposição permanente. Realmente, havia um plano, porque eu tinha muito material, mas acabou não dando certo.

P. – Sabe-se que a mediunidade psicográfica de Chico Xavier pode ser definida como mediunidade de missão, mas ele tinha várias outras mediunidades, algumas até raras. O que o senhor pode dizer dessas mediunidades que ele apresentava?
Dr. Elias Barbosa – Realmente o Chico era um médium, por exemplo, da xenoglossia. Teve o caso de um judeu que transmitiu a mensagem em hebraico, e o Chico dizia que via na testa do pai do rapaz os caracteres, as palavras em português. Houve também uma senhora escrevendo em italiano, e o Chico não tinha conhecimento algum. O filho dessa senhora ficou impressionado e passou até a estudar o Espiritismo depois disso — "é realmente minha mãe escrevendo em italiano". E tem aquela passagem de 1937,

numa reunião que houve na Sociedade Metapsíquica de São Paulo, em que Emmanuel deu uma mensagem em inglês especular, de trás para frente.

Mas Chico fazia outras coisas, como a materialização de efeitos físicos, com o Peixotinho, em Pedro Leopoldo. Mas o Emmanuel chamou a sua atenção para que não mais fizesse isso, pois sua missão eram os livros. Na Comunhão Espírita Cristã, nós tivemos algumas reuniões, tinha que colocar cobertor para escurecer tudo. Havia dois amigos de Chico, Jorge Saraiva e o Paulinho Saraiva. Jorge contraiu um tumor maligno no fígado, e ele vinha aqui e a gente participava da sessão. A Scheilla colocava um aparelho, a gente o via, era impressionante. Houve uma vez, por exemplo, que eu estava com problema de arritmia, e ela colocou esse aparelho na área do coração, e houve um círculo de luz, e outro médium, já desencarnado hoje, vinha de Vila Velha, e o Chico também participava dessas reuniões.

P. – Chico também tinha a mediunidade de psicometria, com a qual ele selecionava algumas cartas, correspondências. Como era essa seleção?
Dr. Elias Barbosa – Ele enxergava além do que estava no envelope, parece que os Espíritos projetavam para ele. Ler pensamentos, por exemplo. Eu me lembro de uma vez, quando minha filha mais velha nasceu, o Zêus Wantuil estava em Uberaba para pegar os originais do livro *Trovadores do Além*. Minha filha nasceu em 1º de novembro de 1964. Eu fiquei preocupado, ela tinha muita febre, não baixava. E eu, querendo terminar, cheguei no Chico, ele veio me encontrar e disse: “Meu filho, o professor Bastos está falando para você que nossa Eliane está com problema de amigdalite mesmo, não se preocupe”. Esse professor Bastos era alguém muito culto, lá de Paracatu, dono de uma escola particular, mas bravo, tanto que um dia um aluno discutiu com ele e ele disse: “Ninguém precisa voltar aqui mais, minha escola está fechada”.

Teve uma vez, quando comecei a trabalhar no Sanatório Espírita de Uberaba, dia 1º de maio de 1969, e minha tarefa era tomar conta do lado feminino. Tinha que aplicar eletrochoque em onze sessões. E eu ficava preocupado com aquilo, que era sem anestesia. Mas eu nunca recuei, porque sei que os Espíritos estão à frente. Eu cheguei no Chico. Sempre que ele tinha algo para me falar, vinha me encontrar: "Meu filho, tem um Espírito falando aqui para você nunca largar o sanatório. No dia que você merecer, os benfeitores vão afastar você de lá". E parece incrível. Eu só consegui me afastar em janeiro de 2002. Tanto que, quando o povo me pergunta se eu me afastei de lá, eu brinco dizendo que estou em "alta experimental", porque, na verdade, durante esse tempo todo, eu é que estava sob tratamento.

Houve um em dia que eu cheguei tarde do consultório, estava o Chico na porta, diferente até das outras terças-feiras em que ele me visitava, quando tocava a campainha, minha esposa atendia e pedia para entrar. Falei para ele: "Pois é, Chico, pensei que tivesse nascido para escrever apenas sobre Espiritismo, mas a Medicina não deixa". Ele falou: "Estou ouvindo uma voz aqui dizendo que, se você quiser repouso, peça ao Senhor uma hepatite e vamos entrar". E ainda hoje, quando vou todas as segundas e quintas para o consultório, me sento ao computador e me lembro disso, da hepatite.

P. – A psicofonia nele era também bastante pronunciada, com belíssimas mensagens, não era?
Dr. Elias Barbosa – Sim, muito bonitas. No começo das reuniões, a gente tinha um gravador grande. Então, no final da reunião de desobsessão, os Espíritos Emmanuel, Dr. Bezerra de Menezes, André Luiz, Dr. Hilário Silva, que era quem dirigia os trabalhos, como faz até hoje, proferiam as mensagens belíssimas, e na hora que a reunião acabava, eu ligava o gravador e ele copiava. Quando chegava em casa, datilografava as mensagens.

P. – O senhor chegou a presenciar alguma vez o fenômeno de voz direta com o Chico Xavier?
Dr. Elias Barbosa – Sim, cheguei a participar, mas nessa situação vinha um médium de outra cidade, e o Chico era assistente, no caso. Até achei bonito esse fenômeno da voz direta; o Chico estava presente. O som saía de um canto da sala. Foi parecido com quando eu fiquei em São Paulo, em 1963. Tinha um médium que trabalhou durante muitos anos, o Chico me

contou a história dele. Na hora que ia começar a sessão, havia uma batida no telhado do centro espírita. Tivemos também sessões de materialização com esse médium que ia à casa do Chico. O Espírito Zé Grosso, que chegou perto de mim, falou: "Pode passar a mão aqui". Passei e não tinha nada, depois ele falou: "Vou pisar no seu pé".

P. – Chico, quando segurava nossas mãos, as impregnava com um perfume. Inclusive, há histórias de que quando Chico visitava algum centro social e resolvia fazer o café, este ficava perfumado. O que o senhor tem a dizer sobre esses aromas?
Dr. Elias Barbosa – Era o Espírito da Scheilla que transmitia isso. Havia uma senhora em Uberaba cujo marido teve que amputar as pernas. Morava num hotel, e a senhora, já bastante idosa, ia ao Chico semanalmente e levava uma jarra para que ele fluidificasse. A água adquiria um perfume que durava uma semana, então ela voltava e fazia de novo. Era a Dona Nadir, e trabalhou bastante no Espiritismo até a desencarnação. E esse perfume a gente sentia mesmo, era gostoso, diferente, não como esses que tem por aí.

P. – Arnaldo Rocha disse que, certa vez, quando estava hospedado na casa de Chico, levantou de madrugada para beber água e quase morreu de susto ao presenciar o Chico levitando. O senhor chegou a presenciar isso?
Dr. Elias Barbosa – Não, nunca presenciei, mas um fato interessante dele que aconteceu foi sobre a biblioteca do Dr. Inácio Ferreira, que o Chico achava uma beleza pela organização. Depois que ele desencarnou — o Chico contou para mim — o Dr. Inácio chegou, o Chico deitado, e disse: "nós precisamos ir lá em casa para conversar com a Cida" (mulher dele). E o Chico saiu do corpo e foi com ele até lá flutuando. Chegaram na casa dele, Chico apertou a campainha, o Espírito da Dona Cida veio e o Chico falou: "Nós estamos aqui, eu e o Dr. Inácio, para pedir a senhora para não deixar que os livros dele sejam distribuídos, é preciso que eles fiquem como estão". Chico disse que quando voltou para o corpo era como se fosse um casaco.

Ele entrou e, antes das sete horas, num orelhão, telefonou para Dona Cida, falou que foram até lá, que ela provavelmente não se lembraria, e contou o caso todo. Parece até que no livro *Mandato de amor* foi publicada uma carta de Dona Cida contando esse episódio.

P. – O senhor tem alguns livros relacionados à mediunidade de Chico Xavier. O que o senhor poderia dizer sobre a preocupação dele em registrar e guardar esses materiais? Ele estimulava para que ocorressem publicações como o *Anuário Espírita*?

Dr. Elias Barbosa – Com o *Anuário Espírita* foi interessante. Naquele tempo, 1963, eu estava fazendo um curso de aperfeiçoamento em São Paulo, ganhava muito pouco, e meu chefe acabou conseguindo para mim um hospital onde eu pudesse fazer as refeições. E um outro colega de São Paulo arranjou no Hospital Anchieta um quarto para mim. Então, o dinheiro que eu recebia da bolsa podia mandar para minha família. Um dia, chegou uma senhora dizendo que havia um senhor querendo conversar comigo. Pedi para que ele subisse ao meu quarto. Era o Lauro Michelin. Ele disse: "Chico e Waldo Vieira pediram que eu viesse aqui para mostrar ao senhor esse boneco de livro, e o próprio Chico sugeriu que o senhor escrevesse sobre literatura e mediunidade". Já estava no boneco e tudo. Então eu e o Lauro começamos o *Anuário Espírita*, e isso mostra a preocupação dele em registrar tudo. Chico Xavier prestigiava muito, havia até o comparecimento anual de membros da equipe do Instituto de Difusão Espírita, que iam até Uberaba para apresentação e lançamento, com ele. O primeiro foi em 5 de dezembro de 1963, na casa dele, no quintal. O interessante em relação ao Instituto é que, de todas as reedições dos livros do Chico, eles traziam duzentos exemplares para ele distribuir gratuitamente.

P. – Na sua opinião, o que representa para o senhor e para o mundo toda a obra psicográfica de Chico Xavier?

Dr. Elias Barbosa – É da mais alta importância, porque a Humanidade, nessa atual fase de transição, precisa de livros dessa natureza. Atualmente, há vários pesquisadores no Brasil que estão defendendo tese, procurando editoras para publicação. Há um professor de Psiquiatria de Juiz de Fora que trouxe uma revista de Psiquiatria da USP dedicada à espiritualidade e foi editor-convidado. Outro rapaz, que se chama André Luiz e é do Rio de Janeiro, quando saiu a sétima edição do último livro que eu organizei com o Chico, *Estamos Vivos*, sobre a desencarnação de cinco jovens da cidade de Frutal (SP), que morreram num acidente de carro, fez uma pesquisa científica interessante. O curioso é justamente isso: ele é uma pessoa de fora do ambiente espírita, mas que se interessou em pesquisar a respeito, se impressionou com o fato de Chico Xavier nem conhecer as famílias.

P. – Como o senhor foi muito amigo e conviveu bastante com ele, o que o senhor imagina que Chico Xavier estaria fazendo no plano espiritual?
Dr. Elias Barbosa – Um médium que mora perto de Belo Horizonte foi a Frutal, por ocasião de um congresso, uma reunião, e recebeu um bilhete que o Chico mandou para mim. Eu frequento um centro espírita aqui perto, aos sábados. Eu cheguei lá, tinha uma senhora em pé, e me disseram que ela estava me esperando. Ela me disse que era uma médium vidente de um centro espírita no bairro de Lourdes, bem afastado, e o Chico Xavier apareceu para ela e mandou falar isso, isso e isso, exatamente como estava no bilhete daquele outro médium. Dizia para eu prosseguir firme com o livro, na Medicina e no livro.

P – Dr. Osvaldo de Castro, atendendo a um pedido do senhor, providenciou um hospital em São Paulo para operá-lo. Chico lhe falou algo a respeito dessa operação?
Dr. Elias Barbosa – Chico tinha problema de hipotensão, a pressão dele sempre era 80x40. A gente tinha que medicá-lo, mas numa determinada época, quando ia em casa, ele pedia para ir ao banheiro e demorava e voltava transfigurado. Como eu nunca fazia perguntas indiscretas para ele, uma vez ele me disse: "Você sabe por que eu sempre volto para cá

deste jeito? É porque, para a urina sair, eu tenho que rolar de dor no banheiro, senão ela não sai".

Eu disse a ele que aquilo era hipertrofia prostática, e que veríamos no dia seguinte. Combinamos de ir atrás de um radiologista. Fui atrás do radiologista, que disse que seria uma honra tratar do Chico; me deu as instruções e os purgativos violentos que tinha que tomar. A próstata dele parecia uma couve-flor. Falei para o Chico que ele teria de operar. Falei com o Dr. Osvaldo de Castro, que arranjou um hospital em São Paulo, onde também descobriram que ele tinha problema de hérnia de disco.

Na volta, o Chico me contou que, durante a cirurgia, na anestesia, o Espírito dele ficou embaixo do hospital, onde havia uma quantidade enorme de Espíritos sofredores, até a cirurgia acabar. Então, enquanto os médicos trabalhavam em cima, no seu corpo, ele trabalhava em espírito lá embaixo, consolando os Espíritos que sofriam.

Outra coisa que o Chico levava a sério era a medicação. Por exemplo, passaram uma injeção que tinha de tomar de trinta em trinta dias, e ele a tomou durante a vida toda. Teve uma vez que ele me mostrou umas manchas roxas no corpo. Eu disse a ele: "Chico, isso são coisas de depressão". Mas existia um medicamento na época e eu receitei a ele. Ele tomou. Depois de muito tempo, perguntei a ele sobre as manchas, ele disse que já haviam sumido há bastante tempo. Perguntei se havia parado o remédio, e ele disse que não, pois eu não havia falado ainda para parar. Ele respeitava demais os médicos.

P. – Como o senhor define o homem Francisco Cândido Xavier?

Dr. Elias Barbosa – Não é nada mais, nada menos que um Espírito superior que se corporificou para dar continuidade à Doutrina Espírita que Allan Kardec nos trouxe. Sempre foi impressionante a fidelidade dele a Jesus e a Kardec, nunca fugiu dos ensinamentos. Nunca tive uma única decepção com Chico, um homem sempre muito educado. Eu me lembro de uma vez que o repórter da revista *Manchete* disse que precisava tirar uma fotografia dele com uma criança. Então ligaram para a minha casa, e minha esposa levou minha filha Luciana; e Chico, depois de tirar uma foto com ela, que, inclusive, é a garotinha que aparece na capa do livro *As vidas de Chico Xavier*, de Marcel Souto Maior, me pediu desculpas.

P. – Quando Chico conversava com os repórteres, o senhor percebia nele a preocupação com a divulgação da Doutrina Espírita?
Dr. Elias Barbosa – Sim, sem dúvidas. Ele achava que a maior caridade era a divulgação da Doutrina. Quando Chico recebeu o livro *E a vida continua...*, que André Luiz ditava e ele escrevia, toda terça-feira ele ia em casa e lia um capítulo para mim. Eu achava aquilo interessante, porque eu sempre fui um espírito complicado de outras vidas e com tendências para o mal. Quando acabou de ler, eu percebi em mim uma mudança extraordinária. E o Souto Maior falou que quando o Chico foi a São Paulo se submeter à cirurgia, ele deixou documentos comigo, mas na verdade não foram documentos, e sim os originais do livro *E a vida continua...* Ele me disse: "Se eu desencarnar durante a cirurgia, guarde com você esses originais". O mais interessante é que, mesmo com todo o potencial psíquico que o Chico tinha, o fato de ter deixado os originais comigo mostra que ele não conseguia ver ou perceber até onde iria sua missão. Por isso, sua preocupação em desencarnar.

3.5 **Sr. Celso Afonso**

Médium espírita e discípulo de Chico Xavier. Residente em Uberaba.

P. – Nós sabemos que o senhor teve uma convivência longa e bastante estreita com o Chico desde que ele chegou a Uberaba. Como foi seu primeiro encontro com ele?

Sr. Celso Afonso – Eu e minha mãe morávamos em quarto, cozinha e banheiro lá em São Paulo. Tinha catorze anos e estava fazendo a oração para dormir, mas aquela oração de jovem, que quer falar rápido para se ver livre e ir dormir. No que eu virei, o Espírito de meu pai estava em pé na porta do quarto. Eu dei um pulo, caí, bati as costas na parede, minha mãe acordou desesperada. E aí começou aquele receio.

Dois anos depois eu e minha mãe fomos para Sacramento (MG), para uma festa comemorativa no Colégio Allan Kardec. Começou uma nova fase na minha vida. E como para mim tudo relacionado a Espiritismo causava terror, por causa da minha experiência com meu pai, fiquei na casa da minha tia em Sacramento enquanto todos foram para a festa. Mas ficar sozinho me deu receio de que aparecesse outro Espírito. Eu não aguentava mais ficar sozinho, então acabei indo.

Chegando lá encontrei o Chico Xavier. Eu nem o conhecia pessoalmente, mas quando vi um senhor no meio de uma rodinha, olhei e perguntei se aquele era o Chico Xavier. Virei as costas para nem olhá-lo, e escutei uma senhora pedindo o autógrafo dele, no que ele disse: "Só se o nosso Celso emprestar a caneta". Aquilo me assustou, porque na época não existiam tantos Celsos. Virei assustado e perguntei se ele estava falando comigo, no que Chico concordou. Eu disse a ele que não tinha caneta. Para mim, ali, estava sendo minha porta de Damasco, porque na hora que olhei para ele, não sei o que me deu, mas eu fui para o lado dele, o abracei, o beijei, não sabia mais o que fazer. Eu me lembro de, chorando, dizer a ele: "Chico, nesta encarnação, eu quero me comparar a uma unha do seu pé". Ele disse: "Não, filho, eu sou apenas cascalho que machuca o pé das pessoas, você é que é a luz". Porque ele era assim mesmo, colocava-se lá embaixo e as pessoas lá em cima. E, infelizmente, muitas pessoas caíram porque acharam que estavam lá em cima. Eu, graças a Deus, não tive a oportunidade de ter essa queda. Depois, fui para o corredor do colégio, porque estava envergonhado, sem entender o que tinha acontecido. De repente, ele e o Waldo Vieira passaram ao meu lado, o Chico puxou o braço do Waldo e disse: "Vem cá, Waldo, deixa eu apresentar a você o nosso Celso, que trabalhará conosco lá em Uberaba". Chegou no meu ouvido e disse que seria com psicografia. E eu não sabia o que era isso. Para mim, ficou tudo muito confuso, porque eu morava em São Paulo com minha mãe. Como eu iria para Uberaba, me separar da minha mãe, ir para uma cidade que não dizia nada para mim?

Ele me disse que a mediunidade era a minha missão maior, e disse também: "mas você não fará igual aos nossos irmãos que querem psicografar, dar palestra, escrever livro, artigo para jornal, ser presidente de centro espírita; eles ficam iguais à pulga que quer o cachorro só para ela". Aquilo me assustou muito. Minha irmã mais velha se casou, o esposo dela era de Uberaba. Minha mãe começou a ter problema de angina, o que fez com que minha irmã passasse a tentar convencê-la a se mudar, até porque os médicos também aconselhavam isso, residir em um lugar mais quente, porque o frio era péssimo para a angina. Às vezes, eu até escrevia umas cartas atrevidas para minha irmã, dizendo que ela queria tomar minha mãe de mim, me deixar sozinho em São Paulo. Mas vendo a dor de minha mãe, cedi e acabei vindo para Uberaba em 1959.

Eu estava tomando café em um bar, certo dia, quando ouvi um senhor comentar com outro: "Sabe que estão construindo um centro espírita lá no Parque das Américas, e é de um tal de Chico Xavier". Eu não acreditei. Mas foi só depois de quatro a cinco anos que eu fui de fato lá vê-lo. Eu entrei na fila para cumprimentá-lo, peguei na mão dele e ele me disse: "Como vai, Celso?". Ele se lembrou do meu nome de novo. Eu comecei a frequentar o centro espírita, primeiramente na parte de teatro, que era algo de que eu gostava muito, assim como gosto de música também, fazendo peças. Mas nunca aceitando que eu tinha de psicografar, principalmente pelo que eu ouvia sobre o Chico, sobre dúvidas, agressões, pessoas tentando desmascará-lo, descrença.

Aos 42 anos eu tinha feito uma música para a poetisa Maria Dolores, e um amigo me convenceu a cantá-la para o Chico. Ele ficou encantado com a música. No dia seguinte, nós o encontramos no centro da cidade e ele me sugeriu gravar aquela música numa fita para que ele pudesse ficar ouvindo. Gravei a fita e fui para o centro espírita com um amigo que gentilmente me deu carona. Quando cheguei, o Chico disse que não se sentia bem e pediu licença para ir descansar um pouco. Eu até disse que iríamos embora e voltaríamos depois, mas ele insistiu para que ficássemos porque queria conversar conosco. Fomos para o quarto dele, ele fechou a porta e as janelas, ficou tudo escuro. Ele pegou a fita, colocou na gaveta do criado-mudo e disse que a escutaria depois, mas que naquele momento queria conversar comigo, e me perguntou quando eu iria começar o trabalho. Eu perguntei a que trabalho ele se referia, e ele respondeu que era o trabalho de psicografia, "a tarefa que você pediu a Deus". Eu disse a ele, de maneira sincera, que não havia começado nem queria começar, porque ficava pensando na vaidade, no que as pessoas poderiam pensar de mim, no julgamento de todos; eu não aguentaria ser tolerante como ele.

Então ele me disse que eu não tinha humildade nenhuma, que ele mesmo imaginava que eu fosse humilde, mas que eu estava me colocando acima, melhor até mesmo que Jesus Cristo, que foi julgado, mas carregou assim mesmo sua cruz. Que eu não queria ser julgado, apesar de julgar o vizinho, o político, o familiar, o médico, e não querer dar o direito aos outros de me julgarem. Mas isso é um direito que as pessoas têm. Que quando me chamassem de impostor, eu sabia que não era, da mesma forma que quando me chamassem de santo.

E tentou resumir a conversa que queria ter comigo pedindo para que eu seguisse aquilo que eu havia pedido a Deus, trabalhando naquilo que me competia fazer e que não havia feito até então; que eu deveria me decidir entre me sentar na cadeira e escrever ou ir para o pasto dar coice. Dali a dois meses eu me sentei e faço isso até hoje. Eu sirvo às pessoas pensando em me servir, porque a psicografia me mantém em equilíbrio, costumo até dizer, com muito respeito, que de médiuns como eu, cadeias e sanatórios estão cheios.

P. – Nós podemos perceber, pelo seu relato, a maneira como Chico Xavier gostava de educar as pessoas. Com alguns, usava tapinhas nas costas; com outros, cumpria mesmo o papel de pai mais enérgico, chamando ao dever. Gostaríamos que o senhor agora nos contasse alguma história, lembrança que tenha marcado essa convivência tão fraterna que teve com ele.

Sr. Celso Afonso – Depois do início do trabalho mediúnico, teve algo que me marcou muito. Certo dia, ele chegou a mim e disse: "Meu filho, a minha palavra, para muita gente, é lei; a sua, para muita gente, também vai ser. Então, nunca dê conselhos às pessoas se elas não pedirem". Em outra semana, estive no trabalho do Chico e encontrei uma senhora feliz por ter recebido uma mensagem da filha por meio de psicografia. Ela imprimiu a mensagem com a foto da filha, beijava, e me perguntou se eu queria uma cópia também, no que respondi afirmativamente. Peguei a mensagem e lá estava escrito: "Ao grande médium Chico Xavier, o agradecimento da família tal". Eu li e disse à mulher: "Minha senhora, não faça isso; numa próxima mensagem, não coloque isso de 'grande médium Chico Xavier' como agradecimento, ele não gosta disso". Ela ficou desesperada, porque havia distribuído já algumas mensagens. Só sei que, mais tarde, ao cumprimentar o Chico, ele me disse: "Grande Celso, como está?". Eu estranhei e perguntei a ele por que ele estava me chamando de "grande" se ele mesmo não gostava desse tratamento. Ele disse que me chamava assim porque me considerava um grande amigo. Eu retruquei dizendo que não iria embora com aquela resposta; que ela não me convencia. Então eu saí um pouco nervoso, quando olhei a senhora no pátio e imediatamente me recordei da conversa que tive com Chico sobre não dar conselho a quem não pediu. Ela havia colocado aquilo sem saber, só queria fazer o máximo que pudesse para agradecer, e eu já fui logo dar palpite, conselho sem que ela houvesse me pedido.

Outra coisa que me marcou muito foi que, no dia do trabalho de desobsessão, eu senti uma dor de cabeça muito grande, que nunca havia tido e que não passava, apesar do remédio. Acabei não indo ao trabalho e, no dia seguinte, procurei um médico, que me falou que aquilo era enxaqueca. Ele me deu um medicamento e me aconselhou a não ir ao centro espírita, para não estar com as pessoas que me passavam os problemas. Ele me recomendou ficar um mês longe do centro. Fiquei em dúvida sobre faltar tanto tempo, e a dor de cabeça já havia passado. Em dois dias de medicamento, passou. Resolvi procurar o Chico para perguntar a ele, porque eu não acharia em livro essa resposta. Ele estava autografando livros, havia senhoras ao lado, e eu pedi para conversar com ele quando ele terminasse o que estava fazendo. Ele insistiu para eu falar naquela hora mesmo, e eu comentei sobre o que havia acontecido, sobre o que médico falara de me ausentar, e pedi a ele um conselho sobre o que fazer. Ele me disse: "Eu até não concordo com o médico. Você não deve é voltar ao trabalho nunca mais, pela luz que você tem. Eu sou um necessitado; há cinquenta anos que trabalho e não posso deixar, mas você não precisa voltar".

Aquilo me magoou muito e ele começou a contar para as senhoras sobre um problema cardíaco que havia tido e que o médico havia pedido para que ele se ausentasse do centro, ficar de repouso. E era justamente um dia de desobsessão, os amigos passavam em sua casa e o levavam para o centro espírita. Os amigos passaram e ele disse que não iria, pois o médico havia pedido que ficasse em repouso. Então o Emmanuel apareceu para o Chico e disse: "Chico, você vai de carro. Chegando ao centro, você tem aquela cadeira confortável, vai ficar em repouso. Você pode ir para o trabalho, porque eu acho que morrer lá no trabalho é bem melhor do que morrer em sua casa, o ambiente é melhor". Então ele foi para o trabalho e não teve nada. Conversando com um amigo, eu disse a ele que não falaria mais com o Chico, porque ele havia me magoado muito. Meu amigo foi falar com o Chico sobre isso, minha mágoa. Chico respondeu que teve de falar duro e forte comigo, de coração, e também para os Espíritos obsessores que queriam me tirar do trabalho. "Então eu quis alertá-lo, por isso usei as palavras daquela forma. Se ele não quiser mais conversar comigo, não posso fazer nada". Isso foi outra passagem que me marcou bastante.

Fora as situações engraçadas, quando as pessoas perguntavam a ele se o gato dava azar, no que ele respondia que, sim, muito azar para o rato. Ou então, quando o chamavam de anjo e ele dizia que era, na verdade, um marmanjo. Quando o carregavam no colo, na época em que as pernas dele já não aguentavam mais, e diziam que ele estava cansado, mas ele respondia que, na verdade, cansados estavam aqueles que o estavam carregando. Uma repórter certa vez perguntou a Chico se era verdade que ele só ia para São Paulo em carro de rico, que só fica em casa de rico, ao que ele disse que era verdade, porque os amigos pobres dele não possuíam carro e "lá eu não vou ficar na casa de um amigo pobre, que vai tirar o pão da boca do filho e dar para mim". Ou então quando perguntavam se ele já havia mentido alguma vez, no que ele respondia que apenas havia adiado a verdade. Ou se ele tinha inimigos, ao que ele respondia que, na verdade, tinha amigos temporariamente afastados do convívio dele. São coisas que eu escutava e ficava maravilhado, porque só alguém como ele para dizer isso, pois a questão ali não era ele ser médium espírita, mas o homem, o caráter que ele carregava, o respeito com que tratava a todos.

Também me lembro de uma vez ter me dito: "Você tem o curso primário, igual a mim. Eu gostaria de pedir que você estudasse um pouco de português, para ajudar os Espíritos. Eu disse que não tinha vontade de estudar, sempre tive preguiça. Então ele disse que, em Pedro Leopoldo, havia uma professora que, por curiosidade, foi assistir a um trabalho, e ele leu uma mensagem que havia recebido do Emmanuel. Ela chegou perto do Chico e perguntou quem era esse Espírito. Ele falou que era um benfeitor. Ela então disse: "Mas um benfeitor que não sabe nem pronome de tratamento em português". O Chico caiu em desespero e comentou sobre isso com o Emmanuel, que disse ao Chico para estudar e corrigir toda vez que ele, Emmanuel, errasse. Chico voltou à professora, contou o caso a ela, e estudou com ela durante seis meses para poder ensinar aos Espíritos.

Então, ele queria que eu estudasse, pediu ao Dr. Elias Barbosa que me ensinasse, mas eu disse ao doutor Elias que não queria estudar, mas ele insistiu e combinamos um horário no centro, fora do horário de trabalho, para que ele me ensinasse. Anotei tudo e gostei da primeira aula. Na segunda aula, ele me disse que até o português do Chico era santo, e deu o exemplo da troca que Chico fazia na oração do Pai-nosso, substituindo "assim na Terra como no Céu" por "assim na Terra quanto no Céu", por causa da sonoridade ingrata da palavra "como"; falou também que Chico sempre trocava palavras que ele imaginasse que pudesse ferir alguém ou ser mal interpretada, como "trinta primaveras" em vez de "trinta anos". Eu, sincero, disse ao doutor Elias para deixar como estava, que eu usaria meu próprio português, porque nunca chegaria ao nível do Chico.

O Chico mesmo me dizia que lia muito a revista *Seleções*, para adquirir conhecimentos gerais, porque isso favorecia aos Espíritos a escrever depois. Chico também estudou um pouco de homeopatia, com centenas de receitas, e chegou um tempo em que Emmanuel disse a ele que a divulgação da homeopatia tinha chegado ao fim, e que deveria deixar por conta dos médicos.

São todas lembranças pelas quais nós temos que agradecer a Deus, por ter permitido que conhecêssemos uma figura como o Chico Xavier, um conselheiro, um professor, um amigo certo nas horas incertas, como diz o Roberto Carlos. Eu estou lembrando como era gostosa a mão dele, de veludo, o olhar dele, a presença dele passava paz. Eu não quero endeusar ninguém, porque, se eu pudesse ter encontrado a Irmã Dulce, eu beijaria seus pés, pois quem é bom é bom; quem não é não é. E o Chico era um homem bom. Quando me perguntam quanto à mediunidade, o Chico era como a Embratel para o Brasil todo, e eu sou um radinho de pilha, daqueles que chia, mas que dá para ouvir e entender alguma coisa. E continuamos aprendendo a cada dia mais.

3.6 **Dr. Eurípedes Higino dos Reis**

Filho adotivo de Chico Xavier e presidente do Grupo Espírita da Prece e do Museu Chico Xavier em Uberaba.

P. – O que o senhor pode nos contar de sua vida com Chico Xavier?

Dr. Eurípedes Higino dos Reis – Eu morava com minha mãe e irmãos na cidade de Ituiutaba, distante quase 250 quilômetros de Uberaba. Ela tinha acabado de ficar viúva, então, resolveu ir até Chico, a quem nunca tinha visto, em busca de consolo e conselho sobre o que fazer da vida a partir dali. Na fila para cumprimentá-lo, ainda faltando cerca de vinte pessoas, Chico a chamou pelo nome e pediu que se aproximasse dele. Minha mãe se emocionou muito com isso. Conversando com ele, pediu conselho sobre o que fazer da vida, e ele a aconselhou que se mudasse novamente para Uberaba. Foi nessa época que eu, então com oito anos, conheci o Chico Xavier. Na realidade, foi uma volta à cidade, porque antes, logo que se casou, ela chegou a morar na cidade com o falecido marido, tendo se mudado depois para Ituiutaba. Então, a opinião do Chico foi decisiva para que voltássemos à cidade, assim como o próprio Chico, que havia se mudado para Uberaba recentemente. Ele disse à minha mãe: "Mude para Uberaba, assim como eu fiz, porque, juntos, temos muito a fazer". Pouco tempo depois, ela estava trabalhando como enfermeira junto ao Dr. Waldo Vieira, que também morava em Uberaba na época.

P. – Há algum episódio da sua infância com Chico Xavier que lhe tenha marcado profundamente?

Dr. Eurípedes Higino dos Reis – Vários, mas sem dúvida o mais marcante foi quando, conversando com minha mãe, disse: "A senhora tem um filho que seu falecido marido, José da Cruz, disse que entregaria a mim". Ele queria dar um livro para essa criança, então minha mãe foi falando, um por um, o nome dos quatro filhos, até que falou o meu, e ele disse: "É este que estou procurando, e tenha certeza de que, com o tempo, a senhora o deixará morar comigo". Até que chegou o dia em que ele finalmente pediu à minha mãe, depois de longo tempo de convivência e de vida em Uberaba, para que eu passasse os dias com ele enquanto ela estivesse trabalhando, para ir me adaptando aos poucos. Até que, com catorze ou quinze anos, eu passei a morar na casa de Chico de maneira permanente.

P. – Como era a vida diária de Chico Xavier?

Dr. Eurípedes Higino dos Reis – Chico teve uma vida de trabalho, de muita correria, sendo demandada sua ajuda para muitas pessoas e Espíritos, porque o sofrimento na Terra e no mundo espiritual é muito grande, seja ele na parte física ou moral — Espíritos que sofrem por estarem se acostumando à sua nova condição depois de desencarnados. Todos procuravam alento no Chico, mas, mesmo assim, ele tinha todo o tempo necessário para acompanhar minha trajetória desde a infância, na escola, nos colocando para trabalhar desde cedo, porque considerava o trabalho uma bênção, sempre dizendo que a criança que cresce trabalhando se acostumará mais facilmente aos costumes do mundo, que exige de cada ser humano a responsabilidade necessária para tocar a vida. Chico era um grande exemplo de trabalho. Afinal, aprendera desde cedo com Emmanuel a ter disciplina,

disciplina e disciplina, e não seria diferente comigo. Ele só pensava no trabalho. Quando não ia madrugada adentro trabalhando ou mesmo até o amanhecer do dia seguinte no Grupo Espírita da Prece ou na Comunhão Espírita Cristã, ele dormia no máximo quatro horas por dia. Nesses anos todos ele secou muitas lágrimas alheias por meio das psicografias, dos conselhos, exemplos de vida que deixou para todos. E muitas pessoas seguiram esses conselhos e exemplos, mudando completamente suas vidas. Chico quebrou a barreira da religiosidade, porque nunca falava apenas para os espíritas; aliás, tínhamos a prova disso na frequência das pessoas ao centro espírita, quando 70% ou 80% nem espíritas eram, mas pessoas que vinham atrás de Chico para um consolo para a dor que lhes afligia a alma.

P. – Como ele administrava o trabalho incessante e sua sabida fraqueza física?
Dr. Eurípedes Higino dos Reis – Sempre respeitou muito seus médicos, era um paciente exemplar, porque tomava seus remédios, cumpria as orientações médicas e, por isso, administrava bem. Nunca deixou de trabalhar, apenas em momentos de saúde muito debilitada.

P. – Nós sabemos que a mediunidade missionária de Chico Xavier era a psicografia, embora também apresentasse outros tipos de mediunidade. Como ele convivia com elas?
Dr. Eurípedes Higino dos Reis – Ele dizia que, se alguém quisesse educar sua mediunidade, terá que seguir os ensinamentos de Jesus e de Kardec. Então, foi com base nessas duas figuras tão importantes que ele buscava o caminho para transmitir a missão que veio desempenhar. Depois disso, dizia que a primeira etapa para desenvolver esse trabalho era citar duas máximas cristãs: de que "fora da caridade não há salvação", e de "amar uns aos outros assim como Cristo havia nos amado", e ninguém amou o próximo da mesma forma como Chico Xavier o fez, porque ele ia até os lugares em que a necessidade falava mais alto, fosse espiritual ou material. E ele

dizia sempre que não fazia isso de favor, mas por amor aos necessitados de um pão ou de uma conversa. Dizia também que, na verdade, eram eles que faziam um favor a ele, de procurá-lo no centro espírita, pois ali estavam os bons Espíritos, e ele poderia aprender muito com eles, com Jesus, que a vida não vale o que pensamos, mas o que a gente faz.

P. – Houve alguma atividade mediúnica de Chico Xavier que lhe tenha chamado a atenção?
Dr. Eurípedes Higino dos Reis – Certa vez, estávamos em oito pessoas e havia um casal de amigos conosco; minha mãe também estava presente, e o Chico estava aplicando passe. Naquele momento, percebemos água caindo de todos os cantos da sala em que estávamos, passávamos até a mão pelo rosto, porque estávamos molhados. Havia também o odor perfumado que sempre exalava de Chico e que se espalhava por toda a sala.

P. – Houve algum caso de sofrimento de alguém que tenha ido procurar o Chico e que tenha lhe tocado de maneira especial?
Dr. Eurípedes Higino dos Reis – Certa vez — e eu estou lembrando porque, nesta semana, uma moça de São Paulo passou aqui com seu marido, veio nos visitar. É um caso interessante, porque antes de o problema dela ocorrer, ela não era espírita, e passava por dois problemas: um físico e outro de saudade. Numa briga, seu pai foi assassinado. Ela, no amor intenso que tinha pelo pai, imaginou que pudesse se vingar e viajou para Uberaba justamente para que, enquanto estivesse fora, a vingança acontecesse. Mas, ao chegar perto do Chico, ele disse: "Não faça isso, a senhora tem um filho, seu esposo, e a Lei Divina se cumpre para todos nós. A senhora não nasceu para isso". O interessante é que ela havia ido a Uberaba justamente para contar a ele sobre o caso, mas ele se antecipou e já disse isso tudo a ela. Disse para a senhora desfazer o que havia marcado em São Paulo. Ela ficou apavorada, porque nem seu esposo sabia do plano que ela armava. Então, saiu correndo da casa, procurando um telefone para entrar em contato com as pessoas que havia designado para fazer a vingança.

O tempo passou, aproximadamente dois meses, o senhor que seria alvo da vingança acabou falecendo em um acidente, na mesma vizinhança em que havia matado seu pai. Ela voltou a Uberaba para contar o ocorrido ao Chico, mas antes que ela dissesse qualquer coisa, Chico disse a ela: "Pode me entregar o jornal que está na sua bolsa. Já aconteceu o fato?". Ela ficou espantada por ele novamente adivinhar o que ela iria fazer. E ela apresentou também na época um grave problema de saúde. Os médicos já nem tinham mais esperança, mas fez um transplante de rim, curou-se totalmente, tornou-se espírita e faz até programa espírita no rádio. Ela mudou completamente a sua vida.

P. – O senhor teria algo a nos contar sobre o conhecido respeito que Chico Xavier nutria pelas outras religiões?
Dr. Eurípedes Higino dos Reis – Houve vários casos a esse respeito, mas o Chico sempre respeitava todos os religiosos. Um certo religioso ouvia dizer que o Chico Xavier falava o nome das pessoas sem nunca tê-las visto e queria provar se isso era verdade mesmo. Veio até o Chico, entrou na fila que se formou para cumprimentá-lo e ainda bem longe do Chico, este o chamou pelo nome e lhe deu as boas-vindas. Esse senhor ficou transtornado, teve que tomar água para se recompor e tudo. Casos assim eram frequentes.

P. – Conte-nos um pouco sobre o relacionamento de Chico com o padre Sebastião Carmelita.
Dr. Eurípedes Higino dos Reis – Foram grandes amigos. Ele tem um irmão, Sr. Bené, que é espírita convicto, diretor de uma casa espírita, o Centro Espírita Batuíra. E o padre Sebastião muitas vezes aconselhou seus fiéis para que fossem até o centro espírita do irmão tomar passe, que melhorariam com isso. Ele passou a ver que a ajuda espiritual, muitas vezes, seria o melhor caminho que várias pessoas que o procuravam podiam tomar para melhorar. Quando ele faleceu, fomos eu e o Chico ao seu velório. Ali mesmo, Chico viu o Espírito do padre, confortado, que veio até o Chico

para conversar, amigo e companheiro que era. Quem sabe se hoje eles não estão novamente juntos na pátria espiritual.

P. – Como o senhor via o relacionamento que Chico mantinha tanto com pessoas humildes, assim como artistas e políticos importantes?
Dr. Eurípedes Higino dos Reis – Era interessante, porque o Chico sabia descer até nós, pobres mortais, para que a gente não se sentisse tão humilhado, fosse a pessoa famosa ou não. Até porque ele dizia que, no plano espiritual, a coisa era bem diferente. Inclusive, certo jornalista uma vez o interpelou sobre isso; ofereceu-se para ser empresário de Chico e disse que ele poderia ganhar muito com os livros. Então o Chico lhe respondeu que, no dia em que estivesse frente a frente com o espelho da vida, que todos um dia terão de encontrar, ele queria ser o cisco que era, falar a linguagem que falava ali, ter a simplicidade que sempre carregava. Todas as pessoas eram importantes para o Chico, fossem pobres ou ricos, famosos ou anônimos. Como exemplo, eu posso citar o Tonho. Todos os dias, ao chegar no Grupo Espírita da Prece, Chico ia até ele, uma pessoa negra, que fazia trovas, que ficava mendigando pela rua, inclusive até fazia trovas para o Chico. Quando esse homem desencarnou, encontraram o corpo dele no chão de uma casa próxima ao centro espírita, e o Chico disse que, de tão espírita que era, até Nosso Senhor Jesus Cristo veio buscá-lo para levá-lo ao Além.

P. – Como é hoje viver sem a presença física de Chico Xavier?
Dr. Eurípedes Higino dos Reis – Sinto muita saudade dele. Quando, muitas vezes, em nossas conversas de final de dia, eu dizia para ele: "Você não vai me deixar aqui, porque eu não tenho nada a ver com essa Doutrina, é tudo seu". Ele me disse que, sempre que queria saber onde eu estava, bastava a ele mentalizar e ia até onde eu estava. E que quando ele não mais estivesse encarnado, colocaria alguém no meu caminho para que as obras pudessem continuar, para que eu não tivesse medo da vida; que, a despeito das imperfeições de todos nós, os trabalhos continuariam no Grupo

Espírita da Prece, apesar de faltar tudo. Mas tenho certeza de que não sou apenas eu quem sente saudades do Chico, mas muitas e muitas pessoas pelo Brasil também.

P. – O que o senhor acredita que o Chico Xavier estaria fazendo agora?
Dr. Eurípedes Higino dos Reis – Só uma coisa eu posso afirmar: ele dizia, oito anos antes da sua desencarnação, que daria um tempo para o lápis e o papel, mas as tarefas dele não se limitavam à psicografia. O amparo que ele deu para muitas famílias e corações desalentados também foi muito importante. Algumas pessoas me perguntam se o número de pessoas que frequentam o Grupo Espírita da Prece diminuiu depois da desencarnação de Chico, e eu digo que sim, porque as pessoas vinham aqui por causa da figura humana diferenciada que era Chico Xavier, pelo consolo que ele trazia com suas palavras e gestos. O importante a se dizer, porém, é que ele plantou essa semente da caridade e do carinho ao próximo nos corações de milhares de pessoas que vinham até ele, e, em todo o Brasil, a Doutrina Espírita está por todos os lados.

P. – Que mensagem o senhor, que foi a pessoa que viveu mais proximamente ao Chico a ponto de se tornar seu filho adotivo, poderia nos deixar?
Dr. Eurípedes Higino dos Reis – Em 1994, Chico psicografou uma trova que, eu considero, vale toda a minha vida, não somente junto do querido Chico, mas em toda a minha caminhada, porque todos queriam ter o amigo Chico por perto, e eu posso falar com o coração aberto — a trova diz assim: "A posição do Chico tem novo brilho, Eurípedes se fez pai e Chico hoje é seu filho". E com muito orgulho eu posso dizer: eu tive o maior pai do mundo, mas também o mais querido filho, mesmo sendo solteiro e sem filhos, um filho que o Brasil inteiro amou, não só os espíritas.

4. ANFITRIÃ DE CHICO XAVIER EM SÃO PAULO

4.1 D. Nena Galves

Juntamente com seu esposo Francisco Galves, eram amigos e anfitriões de Chico Xavier em São Paulo. Dirigente do Centro Espírita União, na capital paulista.

P. – Como a senhora e seu marido, Francisco Galves, conheceram Chico Xavier?

D. Nena Galves – Nós lemos alguns livros de Chico e o interesse pela Doutrina despertou também o interesse de conhecê-lo pessoalmente. Chico havia se mudado de Pedro Leopoldo para Uberaba em 1959, então fomos em caravana para conhecê-lo. Entramos na fila na Comunhão Espírita Cristã.

Éramos dezesseis ou dezessete pessoas espíritas, e o Chico, assim que viu Galves e eu, demonstrou tanto carinho e alegria que, realmente, as pessoas que estavam conosco se perguntaram o porquê de o Chico ter demonstrado tanto interesse por nós.

Ao chegarmos ao hotel, o Galves estava preocupado, "pois eu nunca esperei que esse médium mostrasse tanto carinho", disse. Era um cafezinho, um copo de água para o Chiquito, a maneira como Chico logo o chamou — a mesma forma como a mãe do meu marido o chamava. Então, Chico logo nos reconheceu. Só muito mais tarde, anos depois, ele confessou que, quando saiu de Pedro Leopoldo, chorava muito por sentir saudades da família. Uma noite, Emmanuel apareceu para ele e disse: "Chico, não fique triste, sua nova família está chegando. Assim que chegarem, você a reconhecerá". E Chico disse que, assim que nós chegamos, Emmanuel estava ao seu lado e disse: "Eles chegaram, veja quem são". E Chico imediatamente nos reconheceu, era um reencontro. Nós custamos um pouco para reconhecê-lo, mas aquela afinidade, aquele amor, logo despertou nosso interesse.

P. – Após esse primeiro contato, vocês começaram a ser presença constante na Comunhão Espírita Cristã. Como foram esses primeiros momentos de atividade de Chico Xavier em Uberaba?

D. Nena Galves – Era o que nós às vezes comentávamos: verdadeiras peregrinações à noite, depois do trabalho mediúnico, visitando cada casa, levando a merenda, as cestas ao casebre, e a palavra do Evangelho nos dava um ensinamento profundo de que o Espiritismo não é só fenômeno. Ele nos dizia que a filosofia da Doutrina Espírita ia muito além do fenômeno espírita. Claro que nós íamos buscando o médium, mas este ia nos ensinando por meio do trabalho que nós deveríamos despertar para a realidade e conhecer o Espiritismo real, as peregrinações, a caridade, a visitação a quem precisa, aos enfermos. E depois, quando voltávamos, as lembranças, a fraternidade no cafezinho, era realmente viver o Evangelho de Jesus.

P. – Há relatos de que Chico Xavier, muitas vezes, saía bem tarde de sua casa para fazer atendimentos nas casas de famílias muito necessitadas. A senhora teve algum conhecimento desse tipo de trabalho?

D. Nena Galves – Sim, o Chico tinha avisos mediúnicos de que fulano estava desencarnando, então ele pedia imediatamente que um amigo o levasse a ele; chegava na hora para se despedir de quem desencarnava, ou do enfermo que pedia ajuda por meio da prece. Ele recebia como se fosse um e-mail hoje. Aqueles que estavam no circuito de pessoas que confiavam mesmo nele pediam, e ele imediatamente recebia. Nós diríamos que era um computador da época.

P. – De todas as atividades de Chico Xavier, qual era a que mais a sensibilizava?

D. Nena Galves – Chico sempre nos dava um ensinamento profundo. Claro que houve fases, como aquela do consolo das mães que recebiam as cartas de seus filhos desencarnados, as mensagens de Espíritos como Emmanuel, Dr. Bezerra de Menezes. A beleza do médium fiel, equilibrado, mas também a paciência de Chico Xavier. Ele não ficou num só grupo; desde a saída de Pedro Leopoldo, Chico teve outros grupos, mas ele não era uma pessoa que se desencantava com o desencanto das pessoas. Isso me deu muito conhecimento do que é ser um trabalhador dentro da Doutrina Espírita. Não podemos nos desencantar com as pessoas, porque na Doutrina não há desilusão. Então o Chico não tinha desilusão dos companheiros que não podiam lhe seguir os passos. Eram aqueles amigos de Pedro Leopoldo que começavam com ele, mas que depois não aguentavam ficar com ele. Então, foi para Uberaba, e isso aconteceu com outros companheiros. E foi isso que me admirou no Chico: ele não criticava, não ficava triste, ele sabia que eram companheiros que não podiam ficar mais, ao contrário dele, que teria que ficar até sua desencarnação, que foi o que aconteceu.

P. – A senhora e seu marido tiveram muito contato pessoal, quase familiar, com o Chico. Eu gostaria que a senhora dissesse algo do Chico Xavier pessoa, o ser humano simples que ele era.

D. Nena Galves – Nós tivemos muito contato, porque, depois dos primeiros anos, Chico nos convidou para que ficássemos hospedados em sua casa. Depois de um tempo, nos deu a chave de sua casa. Claro que, quando ele começou a frequentar mais a cidade de São Paulo, nós passamos a retribuir como anfitriões de Chico. Viajávamos juntos, ficávamos juntos por muitas horas, e nesses momentos Chico mostrava seu lado humano, não o lado do médium, que era tão conhecido nas reuniões mediúnicas. Ele não deixava de ser médium, pois às vezes nos assustávamos porque, de um momento para outro, ele se transformava, trazia recados, falava "Emmanuel está me dizendo...", mas mostrava também seu lado mais humano, aquele que vivia para a Doutrina Espírita, mas que também era uma criatura que compreendia aquilo de, às vezes, o pessoal o tratar como um santo.

Lembro-me de uma vez, em uma das cidades que lhe entregaram um título, era do estado do Rio de Janeiro. Uma pessoa usou o alto-falante no clube em que ele estava sendo recepcionado e fazendo autógrafos. Era um candidato político, que começou a falar: "Porque hoje nós temos a alegria de receber o santo dos nossos dias" e insistia no "santo de nossos dias". Nós estávamos sentados ao lado Chico, que nos disse: "Eu não aguento mais isso. Está me incomodando, e não consigo fazer meu trabalho. Alguém pode chegar a esse rapaz e pedir para que ele não faça isso?". Aquele "santo de nossos dias" incomodava a criatura que não queria ser santo, sabia que não podia ser um. Ele estava fazendo na Terra o melhor que podia. Isso foi uma das coisas que mais me chamaram a atenção. Enquanto muita gente queria demonstrar santidade, Chico não queria que dissessem que ele era santo, mas sim um médium lutando para ser o melhor que podia.

P. – Naqueles tempos de Uberaba, Chico contou com muitas pessoas que lhe deram apoio. O que a senhora pode dizer sobre o casal Weaker e Zilda Batista?

D. Nena Galves – Esse casal, de fato, apoiou muito o Chico. E ele tinha por eles uma consideração muito grande. Eu lembro que o Weaker era uma pessoa maravilhosa, mas tinha a fraqueza do cigarro, e hoje muita gente, por exemplo, acha que os fumantes não podem dar o passe. Fiquei muito impressionada, porém, que o passista que o Chico elegia era o Weaker, pois acima da fraqueza dele predominava a bondade do sentimento. Aprendi então com o Chico Xavier que a intransigência com a fraqueza do ser humano é a pior coisa que existe. Um casal dedicado, que se mudou de sua cidade natal para Uberaba, acompanhou o Chico, viveu com ele sempre, dentro dos trabalhos, sempre humildes. Chico os amava muito e acredito que os ame ainda.

P. – Em função dessa amizade que todos vocês tiveram com Chico, ele foi hóspede de vocês em São Paulo. Nessas viagens, ele tinha atividades públicas e também de tratamento de saúde. A senhora se recorda dessas ocasiões em que ele se submeteu a tratamentos médicos?
D. Nena Galves – Ele era um doente exemplar. Obedecia cegamente ao médico, coisa que nós muitas vezes não fazemos. Nós o acompanhamos, por exemplo, em um dos tratamentos intensos a que ele se submeteu, a cirurgia que fez em São Paulo. Nós vimos a consideração que os Espíritos tinham por esse médium. Era espantoso. Por exemplo, nós éramos encarregados de levar roupas para o hospital. Quando eu chegava com o pijama e as roupas para lavar, eu tinha pena de colocar na água, pois eles tinham perfume de rosas, perfumadas pelos Espíritos. Eles permaneciam no quarto de Chico, o travesseiro era perfumado, o quarto era aquecido como uma estufa, e na época passávamos por um inverno rigoroso. Quando se entrava no quarto, parecia que tinha uma lareira. Depois, o Chico nos contou que os Espíritos montaram guarda na porta, para que outros Espíritos não perturbassem o tratamento. Então o Chico, para o mundo espiritual, tinha um grande valor.

P. – Com relação ao aspecto humano do Chico Xavier, gostaria que a senhora contasse alguma situação cotidiana de sua casa, já que a senhora foi muitas vezes hóspede dele em Uberaba.
D. Nena Galves – Quando nós viajávamos juntos também, e nos hospedávamos em um apartamento bem pequeno, no Rio de Janeiro, em Botafogo, às vezes eu pensava "Chico está levando quase uma caravana para um apartamento tão pequeno...". Certo dia, ao chegar no apartamento, ele disse que a casa é como um coração: a gente empurra, leva para dentro, fecha a porta e sempre cabe mais um. Sempre tinha lugar para mais um.

E quando éramos muitos, o pior lugar sempre era o dele. Então ele ficava no pior quarto, no chão se fosse preciso, mas o melhor lugar era para o hóspede. Isso que é ser anfitrião de verdade. Chico era fantástico nisso, dava a melhor condição para você se sentir bem na casa dele.

P. – Uma outra lembrança interessante é que, nas viagens, é sabido que Chico tinha algumas preferências para parar em postos de gasolina.
D. Nena Galves – É verdade. Num dos postos de gasolina em uma viagem ao Rio de Janeiro, sempre que íamos a trabalho para os autógrafos, eu pensava: "Por que Chico para sempre neste posto?". Não era o melhor. O café era péssimo, e não era dos locais mais agradáveis para se descansar da viagem. E ele se demorava muito conversando ali. Só mais tarde, depois de alguma vez, ele contou: era um casal de libaneses e a esposa não estava se adaptando ao Brasil. Queria deixar o marido e voltar para o Líbano, mesmo tendo família e filhos. O libanês era uma pessoa muito boa, e Chico sentiu que essa família não podia se romper, isso talvez comprometendo a própria reencarnação daquela senhora. Chico parava lá para fazer seu trabalho de médium. Mesmo que o café fosse ruim, ele parava todas as vezes, na ida e na volta.

P. – É sabido que Chico Xavier tinha um carinho muito grande pela cidade de São Paulo. O que a senhora poderia dizer? Ele comentava alguma coisa em relação ao próprio padre Manuel da Nóbrega?
D. Nena Galves – É verdade. Chico tinha um carinho muito grande por São Paulo. Quando as pessoas se aborreciam e se queixavam do trânsito, ele, muitas vezes descendo pelo Elevado Costa e Silva e vendo a Av. 23 de Maio com aquele rosário de luzes de automóveis, dizia: "Que coisa linda. Como o paulista é dinâmico". Dizia que o paulista sempre crescia, mesmo não indo sempre ao centro espírita nem sendo espírita convicto, porque ele trabalha muito — as horas que as pessoas davam trabalhando. Ele respeitava demais isso nos paulistas, gostava realmente. Eu sentia que Chico gostava muito de São Paulo, de passear pelas ruas à noite, de frequentar muitos locais que nós mesmos, paulistas, achávamos que não seria para Chico

Xavier. Ele pedia para passear e sempre deixava ensinamentos nesses passeios, ensinamentos que muitas vezes me deixavam até envergonhada, pois Chico não me repreendia, mas ensinava com doçura. Então, ele frequentava as ruas à noite, via as esquinas onde muitas vezes ficavam pessoas com outros propósitos, frequentava a vida de São Paulo, o trabalho, o trânsito, as casas espíritas. E quando ele falava que reencarnaria, eu pensava que, com certeza, haveria de ser em São Paulo.

P. – Ainda em relação a essa questão, há alguns momentos muito importantes na vida de Chico Xavier, como a entrevista com Saulo Gomes na TV Tupi em 1968, e depois as duas entrevistas para o programa "Pinga-Fogo", também da TV Tupi, aqui em São Paulo. O que a senhora poderia dizer a respeito dessas participações dele na TV Tupi?

D. Nena Galves – Foi um período emocionante. Chico, primeiro, concedeu a entrevista em Uberaba em 1968. Quando veio a São Paulo, eu lhe disse: "Chico, você estava magnífico, sereno, respondeu muito bem", e ele me confessou que estava na situação em que teria de ser operado da próstata. Ele fez sob dores tremendas; estava com aquele problema que todos conhecem, um mal-estar, indisposição, e ninguém percebeu, nem mesmo eu e o Galves que conhecíamos o Chico tão bem.

Já no "Pinga-Fogo", antes dele ir para o programa orava muito, passeava pelos jardins, estava preocupado, eu o sentia temeroso pela responsabilidade que teria, pensando talvez que os Espíritos poderiam abandoná-lo por estar enfrentando uma coisa de que não era capaz, e até por vaidade. Mas acho que nem ele próprio sabia quanto as entrevistas significaram para o Movimento Espírita antes e após o "Pinga-Fogo". Então Chico sofreu antes muito, durante também, porque nós estávamos nos bastidores e víamos o Chico rodar a cadeira — isso era nervosismo, estava sentindo a responsabilidade do programa. Depois do "Pinga-Fogo", foi o questionamento de saber se havia dito alguma bobagem, a preocupação em nos perguntar como ele havia se saído, de que tivesse resvalado e comprometido a Doutrina Espírita.

P. – Outro fato marcante de Chico Xavier foi quando ele recebeu o título de Cidadão Paulistano. Sem demérito nenhum dos outros, entre todos os títulos que ele recebeu, é evidente que esse foi um fato importante. O que a senhora teria a dizer sobre esse momento?

D. Nena Galves – Muita coisa foi dita em família, que eu me reservo de dizer. Depois que ele recebeu o título de São Paulo, ele recebeu poucos títulos. Ele confessou que essa foi a condecoração maior, realmente. Ele sentia uma responsabilidade tão grande, e foi para ele algo querido ao coração. Eu me lembro de que também nós estávamos preocupados, porque era uma época difícil, e eu estava preocupada e tive aqueles sonhos (que ele dizia que não eram sonhos), em que haviam raptado o Chico. E houve realmente a confusão depois do título, ele foi levado para casa, mas a pessoa o entregou porque tinha medo que acontecesse alguma coisa a ele. Chico sentia tanto a responsabilidade que pediu a Galves para levá-lo de volta a fim de cumprimentar a todos que tinham estado lá no estádio, e que haviam se retirado quando ele já não estava presente porque havia sido tirado às pressas. E Chico disse que não podia fazer isso com o povo de São Paulo. Chico respeitava tanto, talvez pelo próprio nome, o dinamismo da cidade, a relação afetiva que tinha com Emmanuel.

P. – Ainda sobre a cidade de São Paulo, muitas vezes Chico esteve no Centro Espírita União, onde fazia aquelas tardes e noites de autógrafo, entrevistas. Que referência a senhora pode fazer sobre esse período?

D. Nena Galves – Chico tinha uma ligação muito grande com o Centro Espírita União, porque se nossa ligação era afetiva e familiar, é lógico que dentro da Doutrina Espírita a ligação também era muito antiga. Nós conhecemos Chico Xavier em 1959. Em 1967 já estávamos fundando um centro, como o Centro Espírita União, dos ensinamentos de Jesus e Kardec, demonstrando uma ligação tão afim de Chico com Jesus e Kardec. Então Chico tinha um vínculo muito grande com o União, com São Paulo e conosco também, porque ele foi um familiar querido enquanto encarnado. Ele fez parte de nossa família e deixou isso muito claro nessas noites de autógrafo; e saía de madrugada, emendando o dia e a noite, e dizia: "Quando eu desencarnar, meu coração ficará aqui". O coração dele ficava em São Paulo, e esta cidade tem uma responsabilidade muito grande na divulgação da história de Chico Xavier. Ele escolheu o União para essa continuidade de homenagear Allan Kardec todos os anos. O nome foi escolhido por meio de uma psicografia. Na primeira vez em que Chico Xavier não pôde ir para a sessão de autógrafos e mandou um telegrama, pedindo que os diretores o representassem sobre os ensinamentos de Jesus e Kardec, isso nos deu a noção de nossa grande responsabilidade. Chico tinha uma ligação profunda com o Centro Espírita União assim como com todos os outros grupos que ele frequentou.

P. – Nessa fase aqui em São Paulo, Chico Xavier também teve muito contato com Herculano Pires, que era o Irmão Saulo, que escrevia no *Diário de São Paulo*, e também um dos entrevistadores do Chico em programas jornalísticos da televisão. A senhora se recorda de algum fato interessante sobre esse contato de Chico com José Herculano Pires?
D. Nena Galves – Muitos. Por isso, no meu livro, fiz questão de relatar um episódio. Chico tinha um grande respeito por Herculano, e disse uma vez em nossa casa que, para o Herculano, ele se ajoelhava, porque ele sabia que era um homem ponderado, de bom senso, que respeitava muito Allan Kardec. Tanto que houve uma frase que muita gente duvidou, e eu afirmei à Heloísa Pires, filha de Herculano, que eu tinha ouvido de Chico que "Herculano era o melhor metro que podia medir Kardec". Fui muitas vezes visitar Herculano junto com Chico Xavier. Eram noites maravilhosas, que se prolongavam até a madrugada. Duas criaturas realmente centradas na Doutrina Espírita, com honradez, humildade e simplicidade, características também de Herculano, que não queria tronos nem glórias, queria glória para o Espiritismo.

P. – Esse assunto é muito importante e nos remete a outra questão: a fidelidade de Chico Xavier com relação à obra de Allan Kardec, e que, aliás, foi o grande desafio desde o primeiro encontro com Emmanuel. O que a senhora poderia dizer?

D. Nena Galves – Chico tinha muito respeito, e sempre que recebia elogios, responsabilidades em algum movimento, em entrevistas, festas no União, ele fazia questão de deixar claro que tudo pertencia a Kardec, e não a ele. Claro que sabemos que também a ele, mas ele insistia em transferi-los para a Codificação. Muita gente se aproximava dele querendo editar livros, e ele sempre dizia que deveriam ter como referência a Codificação. O próprio Emmanuel dizia que se dissesse algo que fugisse da Codificação, que o ignorassem e ficassem com Kardec.

P. – Como a senhora sintetizaria Chico Xavier como pessoa e, ao mesmo tempo, o intermediário do ensinamento de coisas belas e tão profundas para o Movimento Espírita e para o povo em geral?

D. Nena Galves – Me perguntam, agora, por que Chico disse que reencarnaria, e eu coloco no meu livro que foram palavras dele, antes de desencarnar, que ele queria reencarnar depressa, e eu, audaciosamente, ainda perguntei: "Quanto tempo, Chico?". Me perguntaram também se eu achava que ele reencarnaria no Brasil. Mas será que temos méritos para recebê-lo novamente? Se o Movimento Espírita puder ter a fidelidade e a responsabilidade doutrinária, acredito que reencarne. Se não, o mundo espiritual pode mandá-lo, sim, para outro continente. Porque ele não é, no mundo espiritual, aquele que pode decidir por uma doutrina como a espírita; ele é um discípulo e, se nós não merecermos, é bem possível que ele não reencarne. O Movimento Espírita está comemorando, fazendo glórias, pedindo mensagens, pedindo que reencarne, mas depende de nós. Se o merecermos, como ser especial que é e com todos os ensinamentos que ele nos deixou! Talvez não tenhamos merecimentos.

P. – Qual o livro de Chico Xavier que mais cativou a senhora?

D. Nena Galves – Que pergunta difícil. Foram muitos, principalmente os romances, mas *Paulo e Estêvão* é magnífico, e temos Emmanuel junto aos nossos corações. E quando Chico nos entregou a primeira obra à Cultura Espírita União, um livro que me comoveu muito, e é nosso *best-seller*, *O Amigo*. Ele selou a nossa amizade. Era como se dissesse que o livro que dava a nós era o livro de amigo. Isso me comoveu às lágrimas. O livro era belíssimo, mas o título era uma confissão de amor, dizia tudo. Mas todos os livros de Chico são lindos: *Nosso Lar*, mas há sempre aquele que toca mais o coração. Para mim é *Paulo e Estêvão*.

P. – Depois de rever todas essas lembranças de Chico Xavier, que recomendação a senhora daria ao Movimento Espírita brasileiro?

D. Nena Galves – O que o Chico gostaria de fazer. Pergunte como nós conseguimos conviver com a saudade de Chico. Porque a família Galves tem recordações profundas sobre Chico. Quantas vezes, nas horas difíceis, eu me deito, encosto no travesseiro, e penso nele? Mas não faço questão de mandar recados que sejam, na verdade, dados por ele próprio. O maior recado que me deixou foi que trabalhasse e honrasse a Doutrina Espírita. Então, para tudo o que eu sou convidada a falar ou fazer, eu oro e penso nele. Que ele me dê o exemplo de não errar, seguindo os exemplos de seus passos. Então, a comemoração de que ele certamente gostaria, muito mais do que o santificassem e louvassem, é que se mirassem no exemplo que deu.

P. – Chico Xavier, em algum momento, comentou com a senhora sobre o crescimento do Movimento Espírita fora do Brasil?

D. Nena Galves – Eu já recebi convites, com passagem paga e tudo, para ser oradora lá fora, falo espanhol muito bem. O orador é muito paparicado, com presentes e tudo mais, e eu tive medo de nunca mais voltar a trabalhar no Centro Espírita União. Recusei porque é na atividade do centro espírita que você tem o testemunho, que tem a cadeia e as algemas, que era o que o Chico tinha, o centro. O Chico sentiu isso nas primeiras vezes em que foi aos Estados Unidos. Se você alçar voo, você não volta para a prisão. Eu fui a Assunção [Paraguai], tenho amigos lá. Ajudei muitos centros, mas quando comecei a perceber que estava me afastando do Centro Espírita

União, não aceitei mais nada. O nosso Espiritismo é aqui, não podemos nos descuidar. Se descuidarmos das casas espíritas brasileiras, estaremos em apuros. Mas eu preciso falar esse tipo de coisa com cuidado, porque eu tive o exemplo dele. O União me dá muito aborrecimento, mas é a alegria do futuro. Com relação à pergunta, ele disse que ainda estávamos muito crus, que talvez levasse várias encarnações, e que o investimento maior deveria ser aqui, porque daqui, com a Internet e com tudo, vai surgir muita coisa. Por que vocês acham que, apesar de ter nascido na França, o Espiritismo veio se fortalecer aqui? O terreno estava plantado lá, mas não conseguiram levar adiante. Não se pode abandonar o terreno.

P. – No início do século XX, tínhamos outra situação. Eram poucas pessoas que praticavam o Espiritismo fora do Brasil, geralmente pessoas ligadas ao início do movimento ou seus familiares. Ocorre que, nos anos 1960, os brasileiros que moravam lá fora eram em um número muito pequeno; hoje em dia, esse número aumentou bastante. Então a senhora não acha que, diante disso, a divulgação lá fora não é uma ação válida?

D. Nena Galves – Claro, mas sem exageros, porque nós estamos atravessando uma fase difícil sem o Chico. As pessoas me questionam muito sobre o que eu acho sobre tal comunicação, sobre tal livro, e são muitos livros que as pessoas me direcionam. Um rapaz no Centro Espírita Batuíra mesmo queria a minha opinião sobre um livro que havia psicografado. Nós ficamos sem o nosso apóstolo, estamos como quando Jesus partiu e todo mundo se desarvorou, como os apóstolos, como a briga entre Pedro e Tiago sobre isso ou aquilo ser válido ou não, serve ou não serve. Então, claro que temos que investir, mas não podemos abandonar aqui dentro, até porque não temos mais nosso ponto de referência. Peguemos como exemplo a questão das células-tronco, sobre a qual a Igreja Católica é totalmente contra. Imaginem se o Espiritismo também disser que é contra? Como fica a questão de que ele tem de caminhar com a Ciência? Não pode ficar contra ela, mesmo que ela se engane e volte atrás. Então, estamos em um momento confuso, e a solução para isso é fortalecermos primeiramente nossas casas, não abandoná-las. Aquilo que eu fiz quando vi que corria perigo. Quando aconteceu isso comigo, pensei que não podia abandonar o União, pois tinha vindo à Terra para cuidar dele; foi ali que havia recebido a bênção de Chico, meu berço é lá. Claro que há pessoas que nasceram para isso, como o Divaldo Franco, mas se todos nós formos fazer isso, será que não correremos risco? É como diz o ditado: "Casa que não tem gato, o rato entra".

P. – Nos anos 1980, começou no Brasil o movimento de popularização das igrejas evangélicas. O Chico comentou algo a esse respeito com a senhora?
D. Nena Galves – Diretamente das igrejas em si, ele não comentou, mas me dizia que a casa espírita falhava em não ter um plantão para receber as pessoas e conversar com elas; que o confessionário havia tido seus problemas, mas que consolou muita gente, evitou que muitos se suicidassem. E hoje as casas espíritas não têm esse socorro, ao passo que as evangélicas têm. Elas proliferam. Outro dia, eu disse exatamente isto: quantos centros espíritas estão se formando? O Chico tinha esse *feeling*, quando ele percebia que alguém podia montar uma casa, ele já estimulava, recebia mensagens do Dr. Bezerra de Menezes. Quantos centros o Chico criou e estimulou? As igrejas evangélicas, mesmo num bairro, você conta às dezenas. E as casas espíritas? E o problema não é a questão financeira, porque o Chico dizia que se podia fazer Espiritismo à luz da lua, embaixo de uma árvore, numa garagem. Ele começou assim. Quando Paulo não tinha mais lugar para pregar, porque Pedro não perdoava o que ele tinha feito com os cristãos, onde ele foi pregar? Com os gentios, na estrada de Damasco. Quem foi maior, Pedro ou Paulo?

P. – Sabemos que o livro *E a vida continua...* foi recebido por Chico Xavier em sua casa na praia. O que a senhora pode nos contar a respeito?
D. Nena Galves – Nós não estávamos presentes. Quando o Chico foi para lá, nós deixamos a casa com a Elza Fontoura e o Wilker, para que ele pudesse aproveitar as férias na praia. Nós só fomos visitá-lo alguns dias. Ele

estava trabalhando na casa. Depois, houve um imprevisto. A casa se encheu de espíritas e ele não pôde terminar a obra lá; foi terminada em Uberaba. Mas ao passar por São Paulo, ele nos pediu que o levássemos a uma determinada rua, e nós não sabíamos por quê, pois ele não falou. Ele ficou orando durante muito tempo em pé, nós ficamos sentados no banco, e ele orava muito. Ele disse depois que muito do drama do livro se passou por aqueles lados de São Paulo.

5. **CHICO XAVIER NA FEB – FEDERAÇÃO ESPÍRITA BRASILEIRA**

5.1 D. Rúbia da Costa Guimarães

Funcionária mais antiga e secretária de vários presidentes da Federação Espírita Brasileira – FEB. Residente no Rio de Janeiro.

P. – Quando a senhora encontrou Chico Xavier pela primeira vez?

D. Rúbia da Costa Guimarães – Foi aqui na FEB, em São Cristóvão, quando comecei a trabalhar ainda garota, com o Dr. Wantuil de Freitas. Embora não viessem muitas pessoas aqui de fora, quando vinham, ele tinha por hábito levá-las ao meu setor, a Expedição. Eu fazia pacotes. Sempre apresentava essas pessoas a mim, dizendo que eu trabalhava desde menina, com catorze anos. E sempre quando o Chico Xavier chegava, perguntava por mim. E eu não o valorizava como médium espírita. Mas a festa que ele fazia para mim quando chegava, me abraçava; então, pra mim, naquela época, sem pai, muito carente, era pela maneira de me tratar. Eu só vim a me tornar espírita muitos anos depois, por intermédio da D. Yvonne do Amaral Pereira. Quando me casei, nem mandei convite para o Chico. Não achava que eu tinha essa intimidade com ele. No entanto, recebi uma carta dele. Também recebi um cartão do Divaldo

Pereira Franco. O cartão que este me mandou era uma casa cheia de flores. De vez em quando ele se lembra disso.

P. – Qual a razão das visitas de Chico Xavier à FEB?
D. Rúbia da Costa Guimarães – Chico Xavier tinha uma amizade muito grande com o Dr. Wantuil de Freitas, que mandava um dos filhos buscar o Chico e trazê-lo para casa. Chico tinha um jeito bastante disciplinado. Eu sempre acompanhava o Dr. Wantuil. Por causa de doenças e do problema de visão, precisava sempre de um acompanhante. Chico fazia o mesmo caminho e justificava dizendo que era preciso ser disciplinado. Eu não sei se o Dr. Wantuil se esquecia ou se estava brincando com o Chico, mas sempre ia por outros caminhos, e o Chico o corrigia. Eu sempre ria disso. O Chico ia à gráfica, via os livros sendo produzidos e ficava muito contente. Eu vi várias vezes o Dr. Wantuil de Freitas perguntando a ele se gostaria de fazer determinadas mudanças nos livros, se podia mudar tal coisa, e o Chico sempre dizia que primeiro teria de consultar Emmanuel ou André Luiz, já que eles eram os verdadeiros autores das obras.

P. – E o Dr. Wantuil sempre perguntava a Chico se ele queria mudar alguma coisa?
D. Rúbia da Costa Guimarães – Não exatamente se queria mudar. Ele consultava se podia mudar determinada palavra, porque considerava que fossem possíveis erros de datilografia, mas o Chico sempre negava, dizendo que deveria consultar os autores espirituais das obras, como Emmanuel, André Luiz ou Humberto de Campos. Ele nunca respondia na hora. Depois, se fosse o caso, mandava a resposta por escrito, sempre autorizando as mudanças propostas.

P. – Como era o relacionamento entre Chico Xavier e o Dr. Wantuil de Freitas, na época, presidente da FEB, assim como com outras pessoas da instituição?

D. Rúbia da Costa Guimarães – Chico tinha grande estima e consideração pelo Dr. Wantuil e seu filho Zêus, que chamava o Chico de tio. Um dia, o Chico, que sempre me chamava de "menina", disse pra mim: "menina, você é muito privilegiada pela sua convivência com Zêus, por ele gostar de você. Um dia você vai me dar razão". Eu fiquei pensando na hora, não disse nada sobre o fato de o Zêus ser tão exigente. Eu o conheço há 54 anos, naquela época era muito mais exigente.

P. – Quem assessorava Chico Xavier nas visitas à FEB, no Rio de Janeiro?
D. Rúbia da Costa Guimarães – Num determinado período vieram ele e o Waldo Vieira, mas isso foi por pouco tempo. Como o filho do Dr. Wantuil ia buscar o Chico, e depois levava, dificilmente vinha acompanhado de alguém. Apenas numa visita que fez aqui, no aniversário de publicação do *Parnaso de Além-túmulo*, veio a Sra. Dalva Borges, da Comunhão Espírita Cristã, o Martins Peralva, que era da União Espírita Mineira na época. Vieram outras pessoas, mas não junto com ele. Em 1972, a FEB fez uma festa pelos quarenta anos do *Parnaso de Além-túmulo*, e o Chico passou três dias inteiros aqui. Ele autografou exemplares desse livro. A FEB convidou várias pessoas e vieram espíritas de vários estados.

Nessa festa, o senhor José Salomão Mizrahy, diretor da gráfica na época, filmou toda a festa, mas infelizmente o filme sumiu. Flávio Cavalcanti quis filmar a festa para a televisão, mas não permitiram, disseram que não queriam esse tipo de propaganda. Aliás, eu nunca entendi por que a FEB naquela época fugia da imprensa. Talvez fosse por causa daquele episódio da revista *O Cruzeiro*. Mas o fato é que até a TV Globo teve interesse em mostrar algo, mas não permitiram.

Mas, durante a festa, aconteceu algo interessante. O Sr. Francisco Thiesen, um dos diretores da FEB na época, disse para mim: "Dê atenção ao Chico, dê a ele tudo o que lhe pedir". Ocorre que, no último dia, eu levei ao Chico algo que ele me pediu e, ao virar as costas, ele me disse: "Rúbia, espera um pouco". Imaginei, aflita, que ele fosse reclamar de algo que eu não fiz para ele, mas segurou minha mão e disse: "Você me atendeu perfeitamente.

Eu agradeço a você por isso, mas, na verdade, era eu que deveria estar te atendendo. Coloca seu nome e endereço aqui neste papel, que eu vou mandar livros para você". Eu escrevi, ele colocou no bolso do paletó, eu imaginei que ele fosse perder aquele papel em algum momento e eu nunca iria receber os livros. Mas não. Durante longo tempo Chico me mandou os livros autografados, de outras editoras, inclusive.

Com relação a esses livros que ele me deu, em casa eu tinha uma estante de canto. Um dia, ao chegar com meu marido, ouvi um barulho estranho vindo do andar de cima. Estranhei, porque não havia ninguém em casa, até achei que pudesse ser um ladrão. Fomos por fora da casa, subimos por uma escada, e quando olhamos para dentro, parecia que tinha passado um vendaval: eu tinha cinco cachorros na época, e os três que ficavam em cima acabaram com os livros, rasgaram tudo.

P. – A senhora tem lembrança de alguma menção que Chico tenha feito sobre os Espíritos que o acompanhavam?

D. Rúbia da Costa Guimarães – Muitas vezes eu o ouvi falar o seguinte: "Wantuil, o André Luiz, o Emmanuel está me dizendo isso, isso e isso". Também o vi várias vezes psicografar. Na época, querendo uma estabilidade financeira, eu prestei alguns concursos públicos e acabei passando num deles. Veio então a grande dúvida, porque eu teria de ir para Brasília. E por mais que isso me atormentasse, eu não havia comentado com ninguém da FEB, apenas com pessoas da minha família, cada um me aconselhando.

Um dia estava o Chico Xavier, o Dr. Wantuil de Freitas e eu caminhando, como tantas outras vezes, e ele fala: "Wantuil, essa menina está imaginando que ela vai sair daqui, mas ela não vai, não. Essa menina e o Zêus vão ficar ainda muitos anos aqui". Eu fiquei espantada. Dr. Wantuil então perguntou, brincando: "E eu, não? Quer dizer que meu cartaz está bem ruim por aqui...", no que Chico respondeu: "Você não, mas ela vai". Eu considerei aquilo que o Chico disse sobre mim uma resposta para o que estava precisando, e resolvi ficar. Por isso eu sempre digo que meu destino foi o Chico que encaminhou. Se eu tivesse ido para Brasília, minha vida seria totalmente outra, porque eu ainda estava solteira na época. Conheci meu marido aqui. Cheguei em casa e falei para minha mãe que havia decidido ficar na FEB. E há 53 anos estou aqui.

P. – O que a senhora pode dizer sobre as vezes em que Emmanuel, por intermédio do Chico, discutia com o Dr. Wantuil de Freitas?
D. Rúbia da Costa Guimarães – Eu considerava o Emmanuel mais bravo do que o André Luiz. Emmanuel várias vezes cobrou divulgação maior dos livros. Teve uma vez em que o Chico mandou para cá os originais de *Desobsessão*, no qual há algumas ilustrações. Na época, a FEB passava por graves problemas financeiros e não dispunha de recursos para fazer um trabalho de grande qualidade. Então o Emmanuel, por intermédio do Chico, perguntou ao Dr. Wantuil o porquê de o livro ainda não ter sido publicado. O Dr. Wantuil disse que estava aguardando a entrada de mais recursos, de modo que pudesse fazer uma publicação de qualidade. Emmanuel então disse que ele não deveria esperar; que era para o livro ser publicado daquele jeito mesmo, porque havia sido psicografado daquela maneira. E assim foi feito. Pelo menos para mim, sempre foi nítida a diferença entre o Emmanuel e o André Luiz, porque o primeiro era mais bravo, dava mais broncas, pela maneira de falar, cobrava mais.

P. – A senhora chegava a notar uma mudança na voz do Chico?
D. Rúbia da Costa Guimarães – Sim, eu notava. Ela mudava completamente. Chico tinha uma voz mais baixa, mas quando era o Emmanuel, a voz aumentava. Talvez até por isso eu considerasse o Emmanuel mais bravo, porque ele argumentava várias vezes, rebatia o que o Dr. Wantuil falava. André Luiz também cobrava, mas não era tão incisivo quanto o Emmanuel. E eu considerava que essas broncas eram, indiretamente, para mim também. E como a FEB na época só vendia para as Federativas, só havia uma livraria leiga, a Livraria Francisco Alves, que comprava os livros da FEB para vender por todo o Rio de Janeiro. Depois passei a ir aos centros espíritas e incentivava as pessoas a comprarem os livros.

Os dirigentes desses centros imaginavam que deviam construir uma livraria própria para isso, mas eu sugeria que uma simples mesinha com livros, uma pessoa responsável que os vendesse já era suficiente, porque, como os palestrantes da época já mencionavam os livros, seria muito mais fácil e estimulante para a audiência se ela encontrasse os livros para vender ali mesmo, e não tivesse de procurar uma livraria que os vendesse. E hoje alguns centros espíritas têm até distribuidoras de livros. Mas tudo começou com uma simples mesinha.

P. – A senhora tem lembrança sobre alguma outra atividade mediúnica do Chico Xavier aqui na FEB?

D. Rúbia da Costa Guimarães – Sim. O problema na época era que o Dr. Wantuil de Freitas não possuía uma sala para ele, com mesa, cadeira. Então, teve uma vez que o Chico queria psicografar algo, pediu papel e lápis ao Dr. Wantuil e usou uma espécie de mesinha na gráfica, cheia de papel, de graxa, toda suja. Infelizmente eu não me lembro do texto da psicografia, e isso se deve muito ao fato de que, como eu disse, na época eu não me interessava muito pelo aspecto espírita — nem espírita eu era, vim de uma família muito católica. Até então, em relação ao Chico, eu gostava dele pela pessoa bondosa que era, por conversar comigo, mas não tinha noção da importância dele nem da sua obra. Por isso minha memória não guardou certas passagens em relação a ele.

P. – Qual foi o contato de Chico Xavier com Zêus Wantuil?

D. Rúbia da Costa Guimarães – Quando vim para cá, eles já se conheciam. O Chico já frequentava a casa do Dr. Wantuil, e eu ouvia o Chico o tempo todo dizer que o Marcelo, do livro *No Mundo Maior*, era o próprio Zêus — de que este seria a reencarnação do Marcelo.

P. – Chico costumava tocar nesse assunto de reencarnações?

D. Rúbia da Costa Guimarães – Diretamente, não. Às vezes esses assuntos saíam no meio de outras conversas com o Dr. Wantuil. Até porque o próprio Dr. Wantuil nunca foi de puxar esse tipo de conversa com o Chico, somente coisas relacionadas a livros. Quando esse tipo de assunto vinha à tona, era por parte do próprio Chico. A ocasião que mais marcou foi essa em que ele comentou sobre o Zêus.

6. CHICO XAVIER NA MÍDIA, COMO UM FATO JORNALÍSTICO

6.1 **D. Glória Manzon e D. Isabel Nasser**

Viúvas, respectivamente, dos jornalistas Jean Manzon e David Nasser. A primeira reside em São Paulo e a outra, no Rio de Janeiro.

P. – D. Glória Manzon, o que a senhora sabe sobre a reportagem que David Nasser e Jean Manzon, seu marido, fizeram com Chico Xavier em 1945?

D. Glória Manzon – Eles fingiram ser dois repórteres americanos, levaram com eles um intérprete, que fazia as perguntas ao Chico. Por mais que o Jean fosse francês e o David arranhasse esse idioma também, eles optaram por outra língua pelo fato de o Jean já ser conhecido na época, e, se falassem em francês, poderiam ser reconhecidos. Na ocasião, eles usaram óculos, se vestiram de maneira bem diferente da que apareciam nas fotos da revista. Até mesmo por isso, eles levaram também um fotógrafo, pois o Jean não poderia tirar as fotos, já que isso poderia comprometer o disfarce. Ele até orientava disfarçadamente o fotógrafo, mas não fez as fotos.

Eu sempre fui muito interessada nas reportagens que ele fazia, então nós sempre conversávamos a respeito delas, e o Jean, enquanto estava lá, comentava que sentia alguma coisa que não sabia definir, ele não conseguia se decidir se acreditava ou não. Mas quando ele viu o livro, realmente se deu conta de que tinha alguma coisa acima da normalidade. Ele me disse que se arrependeu muito de ter feito isso, e que queria até voltar lá para se desculpar, mas não teve coragem. A reportagem não foi pejorativa, foi mais no sentido de divulgar e deixar que cada um tirasse suas conclusões. Até porque eles focalizaram muito o fato de as pessoas procurarem o Chico Xavier, de ele ajudar os mais necessitados, carentes.

Jean sempre foi muito receoso e respeitoso com aquilo que ele não conhecia. Quando íamos à Bahia e o convidavam para ver uma sessão de candomblé, por exemplo, ele agradecia o convite, mas não declinava. Ele era muito amigo do Mario Cravo, que o convidava para ir à Mãe Menininha do Cantuá, mas ele negava.

E com o Chico Xavier, ele ficou até um pouco triste, pouco à vontade de ter ido lá e mentido. Mas eles tinham de ir até lá, era uma reportagem. Às vezes o repórter precisa criar uma forma, um jeito de chegar até as pessoas e fazer determinada matéria, mas é fato que ele se arrependeu da maneira que escolheu para chegar até o Chico. Ele e o David Nasser acreditavam que, se fossem com suas identidades reais, de jornalistas já famosos, o Chico ou as pessoas de lá poderiam tratá-los de maneira diferente da que tratariam se fossem jornalistas desconhecidos ou menos famosos. Eles queriam ver a realidade, voltaram impressionados.

Na verdade, eu só fui conhecer mais detalhes disso tudo depois que ficamos juntos, porque na época da reportagem nós ainda não nos conhecíamos. E, a bem da verdade, o Jean não gostava de ficar remexendo o passado, olhava sempre o futuro. De toda maneira, ao comentar comigo, fiquei muito curiosa a respeito do que havia ocorrido da dedicatória no livro. Inclusive, perguntei a ele do paradeiro do livro, que ficou em São Paulo, quando ainda morava com a primeira esposa.

Ele ficou chocado pelo fato de ter recebido esse livro com tal dedicatória. E por mais que ele se mantivesse neutro nas suas convicções religiosas, ele criou um respeito muito grande pelo Chico Xavier após esse episódio, tanto que não tinha coragem de contestar nada do que diziam do Chico. E anos depois, quando o Chico já havia se tornado uma pessoa pública muito conhecida e respeitada por todos, o Jean acompanhava pela televisão, obviamente, mas se recusava a comentar algo a respeito.

P. – Como foi o momento em que eles descobriram a dedicatória do Chico com seus verdadeiros nomes?
D. Glória Manzon – Eu sempre insisti muito com o Jean para escrever um livro sobre essas reportagens todas de que ele participou. Então era a oportunidade em que conversávamos sobre ela, e que ele me contava alguns detalhes a respeito. Com relação ao episódio com o Chico Xavier, ele comentou que, ao chegar em casa, pegou o livro e percebeu que havia uma dedicatória a Jean Manzon. Eu não cheguei a saber se era uma assinatura do próprio Chico ou do Emmanuel, o Espírito protetor dele, mas era dedicado ao Jean. Ao tomar conhecimento disso, ele ligou para o David, ou foi o contrário, mas um perguntando ao outro se ele havia reparado na dedicatória do livro, em que eram citados seus verdadeiros nomes, e não os nomes falsos que haviam dado em Pedro Leopoldo, que não haviam enganado ninguém.

P. – Dona Isabel Nasser, a senhora deve ter acompanhado o Chico pela televisão durante esses últimos trinta ou quarenta anos, sempre retratado como uma pessoa boníssima, que fazia o bem. O David, jornalista famoso que era, comentava sobre o Chico e a atuação dele ajudando as pessoas?
D. Isabel Nasser – Sim, falava muito, que acreditava no Chico, e que achava que ele deveria ser um homem muito bom, se se levar em conta a quantidade de pessoas que o procuravam e que ele fazia tudo sem cobrar. Disse que o Chico os tratou muito bem, respondeu a todas as perguntas com muita cordialidade, como se realmente fossem quem diziam que eram. Depois de descobrirem sobre as dedicatórias, ele ficou um bom tempo impressionado, contava para as pessoas o que havia acontecido.

6.2 **Sr. Saulo Gomes**

Repórter da TV Tupi — Canal 4 de São Paulo — responsável pela primeira entrevista com Chico Xavier, em 1968, e os programas "Pinga-Fogo I e II", em 1971. Reside atualmente em Ribeirão Preto (SP).

P. – O "Pinga-Fogo" foi, provavelmente, o primeiro momento em que Chico Xavier se expôs de forma contundente para todo o país. Quais foram as conversas inicias e preparativos que o senhor teve com ele ainda na fase de planejamento do programa?

Repórter Saulo Gomes – Não foram nada complicadas, porque sua entrevista anterior comigo, em maio de 1968, teve uma repercussão intensa em todo o Brasil. Até por isso, surgiu a ideia de propor à direção dos Diários e Emissoras Associadas que se convidasse o Chico para o "Pinga-Fogo".

Eu reagi como repórter à questão do impacto, a emissora reagiu diferente, preocupada com o problema político, em relação principalmente à Igreja Católica, que já não havia reagido de maneira favorável à entrevista de 1968. Mas, antes de tudo, o que era o "Pinga-Fogo"? Uma grande tribuna, o primeiro programa transmitido ao vivo, todas às sextas-feiras, pela TV

Tupi e em toda a rede associada, que tinha como figura central quase sempre um político de grande expressão; só às vezes um intelectual, um grande empresário, atendendo a algum interesse comercial da própria organização. Seria impossível pensar, àquela altura, que uma pessoa líder de qualquer tipo de religião pudesse ter presença naquele programa.

Com a amizade que eu estabeleci com o Chico Xavier desde 1968, com a confiança que passou a se estabelecer entre o repórter e Chico, em 1971, num determinado momento, os diretores do programa fizeram uma reunião de pauta e começaram a pensar num nome para o programa que seria o último de julho. Eu entrei nessa reunião e sugeri o nome do Chico Xavier. Caiu como uma bomba. Tive, naturalmente, todos os contras — colegas, diretores, apresentadores. Eu argumentei, dizendo sobre a segurança e a tranquilidade que eu tinha de que seria um bom negócio para todos, para o Brasil.

Então tive permissão para ir a Uberaba e conversar com o Chico. Dele, só ouvi uma única observação: "Saulo, eu não sou nada; tenho que pensar na minha Doutrina, o que vou dizer lá. Mas como você é um irmão querido e está me convidando, creio que Emmanuel vai me permitir que vá, mas você pode dizer para eles que estou me preparando para ir".

No dia 28 de julho, estávamos em São Paulo. Eu havia buscado Chico Xavier em Uberaba na véspera, e ele se instalou na casa do casal Galves. Segundo o que a Sra. Nena Galves me contou depois, Chico passou a noite apreensivo, fazendo orações. Viveu momentos de muita angústia, chorou, e no dia seguinte, 28 de julho, aproximadamente às onze horas da noite, estava ao vivo. É importante assinalar que esse programa e o de dezembro, juntos, tiveram sete horas de duração, sempre com catorze entrevistadores sabatinando Chico, que sempre se manteve firme. Até por isso, concordo com a afirmação de que realmente a participação dele no "Pinga-Fogo" foi um divisor de águas, como também disseram pessoas importantes do Movimento Espírita brasileiro.

P. – Qual o critério que os senhores utilizaram para selecionar os entrevistadores?

Repórter Saulo Gomes – O critério que o departamento de jornalismo determinava. Após ser aceita a pauta, a produção começava a pensar nos entrevistadores. Imediatamente, então, foram selecionados dois ou três representantes do Movimento Espírita, liderados pelo prof. Herculano Pires. A partir daí, pela responsabilidade e preocupação da empresa, decidiu-se procurar por um representante da Igreja Católica, o eminente e muito culto professor João de Scatimburgo, professor da USP; um representante dos evangélicos, que começavam a crescer naquela época, razão pela qual apareceu Manuel de Melo, grande líder evangélico do Brasil de então, além de se procurarem jornalistas independentes. Assim, posso dizer que o critério maior foi o de procurar representantes das mais diversas formas de pensamento, inclusive representantes ateus, que, diga-se, tornaram-se espíritas depois daquele programa.

P. – O que o senhor poderia dizer da reação dos entrevistadores nos bastidores após o encerramento do programa?
Repórter Saulo Gomes – Eu citaria três companheiros: o jornalista Reali Jr., que mora e trabalha na França há mais de trinta anos, que era um dos que não acreditavam em nada, principalmente algo ligado ao Espiritismo. Nem mesmo sabia quem era Chico Xavier. Entrou como cético e saiu com a ideia totalmente mudada, tanto que, em depoimento dado a nós posteriormente, muitos anos depois, confessou que aquele "Pinga-Fogo" foi o trabalho mais importante da sua carreira profissional. A segunda pessoa que eu citarei não estava com o pensamento voltado para nenhuma corrente religiosa. A Helle Alves, grande jornalista, hoje com mais de oitenta anos, aposentada, e que recentemente confidenciou a nós que mudou todo seu pensamento, inclusive adotando a Doutrina após aquele programa; que entrou para desafiar o Chico, mas saiu, com muita humildade, entendendo que estava diante de uma pessoa diferente e séria. E o terceiro, o também jornalista Durval Monteiro, que há pouco também se manifestou dizendo que entrou como cético, duvidando, sem aceitar os pensamentos espíritas, mas saiu transformado. Com relação às outras pessoas, a reação

foi excepcional, tanto do público quanto dos diretores, inclusive aqueles que se opuseram à presença do Chico na TV por medo da reação da Igreja Católica. Essa aliás, se manifestou contra a exibição do programa por meio da CNBB num comunicado em 1971.

P. – Houve alguma aferição sobre a audiência do programa?
Repórter Saulo Gomes – Já havia o Ibope, mas seus dados não eram tão imediatos como são hoje, por causa da tecnologia da época. Mas, posteriormente, num documento que existe até hoje, o Ibope nos forneceu números que se tornaram recordes: 86% de audiência, com apenas 11% de aparelhos desligados, obviamente uma audiência maciça não apenas de espíritas, mas de não espíritas também. Tomando como exemplo a Globo atual, suas novelas, grandes sucessos comerciais, alcançam entre 60% e 64% de audiência, mas com média de 18% de aparelhos desligados.

P. – Como o senhor descreveria Chico Xavier para seus filhos e netos?
Repórter Saulo Gomes – Era, para esse público externo, o que ele era no seu dia a dia. Humilde demais, homem simples, preocupado com o bem de todos, avesso a qualquer bem material. Então eu diria a meus filhos que Chico Xavier representou uma das mais puras e honestas figuras humanas que a Terra já conheceu. E estou muito à vontade porque, nos 52 anos de atividade profissional, entrevistei algumas das maiores celebridades políticas do Brasil e do mundo, de Jânio Quadros, Adhemar de Barros, Juscelino Kubitschek, John Kennedy, Richard Nixon, Eduardo Frei, Fidel Castro, Che Guevara, figuras marcantes do século XX, pessoas com as quais tive oportunidade de conviver por algumas horas ou mesmo dias e entrevistá-las. E infelizmente para nós, brasileiros, digo isso com tristeza, acho que não iremos encontrar outra figura tão humilde, honesta, desprendida, pura, dedicada ao ser humano como Chico Xavier o era. Muitas vezes viajei com ele, ouvi seus desabafos, e o Chico, onde quer que estivesse, fosse na Comunhão Espírita Cristã fosse nas viagens a São Paulo, Rio de Janeiro, Belo Horizonte ou Brasília, sempre que via as lágrimas de um pai, mãe ou filho, ele sempre

se comovia; chorava muito pelas histórias que ouvia dessas pessoas. Além daquele trabalho que fazia de imediato, se fechava em orações, passava dias pensando no problema que aquela pessoa havia relatado, sempre pedindo que ela fosse assistida.

P. – Como o senhor via a relação entre Chico e Emmanuel?
Repórter Saulo Gomes – O que sempre percebemos é que Chico era rigorosamente fiel às determinações de Emmanuel. O programa "Pinga-Fogo" é uma prova disso. Quando ele resolveu aceitar nosso convite, ele disse publicamente que orou muito, mas principalmente pediu orientação a Emmanuel.

P. – Qual foi a reação de Chico Xavier após o término do primeiro "Pinga-Fogo"?
Repórter Saulo Gomes – Ele se emocionou muito, foi tomado de surpresa pela reação positiva do auditório, mas principalmente depois que saímos do estúdio, e todos nós ficamos preocupados com tantas e tantas pessoas nos corredores, querendo conhecê-lo, abraçá-lo. Mas o que mais nos impressionou foi o depoimento de algumas pessoas que disseram estar vendo o programa em suas casas e, depois do programa ter começado, tentarem ir à emissora para vê-lo de perto; não podendo, ficaram nas ruas próximas à Tupi. Por tudo isso, acabou sendo difícil para nós retirá-lo do estúdio e da emissora. E ele, mesmo cansado, se recusou a ir embora sem que antes pudesse cumprimentar o maior número possível das pessoas que lá estavam. Isso nos levou a ficar com o Chico ainda algumas horas madrugada adentro, com ele ouvindo as pessoas, as histórias, as lamentações, recebendo bilhetes que colocavam em seu bolso. Tudo isso o emocionou bastante, chegando a chorar copiosamente quando chegou à casa dos Galves. Eu creio que tenha sido uma emoção única a que ele viveu em sua vida naquela noite, assim como foi única para mim e para muitos diretores e funcionários da emissora.

P. – Como o senhor comentou, houve certa resistência ao nome de Chico ainda na reunião de pauta. Mas, depois do programa, como essas pessoas reagiram?

Repórter Saulo Gomes – Eu diria que eles, se não se tornaram espíritas, se tornaram simpatizantes. Em julho, na reunião de pauta, tive dificuldade imensa de que aceitassem seu nome, mas quando me ocorreu de sugerir seu nome novamente para um segundo programa, o último de 1971, em 21 de dezembro, não tive dificuldade, muito pelo contrário, recebi o aceite quase imediato de todos ali. Então, além de ficarem admiradores do Chico, tornaram-se amigos. E constantemente eu recebia pedidos de alguns desses diretores, e até mesmo do Sr. Edmundo Monteiro, diretor-presidente dos Diários Associados, de levar Chico Xavier a São Paulo para ter contato com essas pessoas — que tinham seus problemas, queriam conversar e ter um contato especial com ele — que se tornaram amigas do Chico.

P. – Após a primeira entrevista de 1968 e os dois "Pinga-Fogo" em 1971, foi criada uma confiança entre o repórter Saulo Gomes e o médium Chico Xavier. O senhor teve oportunidade de elaborar outros programas jornalísticos para a televisão sobre o assunto mediunidade?

Repórter Saulo Gomes – Sim, dezenas de entrevistas. O Arigó havia saído da cadeia — havia sido preso acusado de charlatanismo —, e todos os repórteres, espíritas ou não, tinham o interesse de entrevistá-lo. Ele, naturalmente, por conta do que havia vivido, não dava entrevistas para ninguém. E a primeira prova dessa confiança do Chico para comigo foi que ele me deu uma carta, que guardo até hoje, me apresentando ao Arigó e me recomendando para que ele, Arigó, me desse uma entrevista, que foi de fato a primeira dele depois de sair da cadeia. Na sequência, o Chico começou a ser convidado para receber títulos de cidadão em vários municípios brasileiros, em muitos dos quais eu estive presente. O primeiro após o programa foi na cidade de Ribeirão Preto, numa das maiores reuniões de pessoas que a cidade já viu, no Bosque Municipal, com milhares de pessoas. E sempre que o Chico era convidado para entrevistas na televisão, ele me consultava, e só comparecia aos programas se eu estivesse presente com ele, até para ficar nos bastidores.

Alguns programas foram curiosos, como o Sílvio Santos, que mantém com carinho em seu gabinete de trabalho uma foto do Chico; ele e eu num programa chamado "Cidade contra Cidade", quando Uberaba competiu contra São José do Rio Preto. Chico não iria ao programa sem mim, quando alguém se lembrou de que eu poderia comparecer, porque eu havia recebido o título de cidadão uberabense, e isso era permitido pelo regulamento. Então fui ao palco junto com o Chico e, numa atitude rara, o Sílvio Santos permitiu que eu fizesse as principais perguntas. Então, objetivamente, criou-se essa grande amizade, esse laço de confiança, e nós íamos juntos a todos os programas de televisão.

P. – Um dos entrevistadores de Chico Xavier foi Herculano Pires, jornalista, escritor e pensador espírita, que escrevia com o pseudônimo de "Irmão Saulo". O que o senhor me diz dessa relação jornalística e da contribuição de Herculano para a divulgação da obra psicográfica de Chico Xavier com o "Irmão Saulo"?

Repórter Saulo Gomes – Foi um dos entrevistadores do "Pinga-Fogo" pela competência e erudição que apresentava em relação à Doutrina Espírita, mas, muito antes do programa, eu diria que a única coluna dos Diários Associados que de maneira permanente divulgava o Espiritismo e defendia Chico Xavier era a do "Irmão Saulo", pseudônimo de Herculano Pires, motivo pelo qual ele ficou muito feliz com o convite para ser entrevistador do "Pinga-Fogo", critério tido como prioridade e importante na reunião de pauta para definir os convidados. Ele era o grande divulgador da Doutrina Espírita no jornal na época, e a partir do programa a importância dele entre os espíritas cresceu ainda mais, pois todos finalmente ficaram sabendo quem de fato era o "Irmão Saulo", que há tanto tempo assinava a coluna.

P. – O senhor teve a oportunidade de estar com Chico Xavier durante alguns de seus trabalhos mediúnicos. Houve alguma manifestação ou mensagem que o tenha marcado em especial?

Repórter Saulo Gomes – Eu diria que, de muito ao que assisti, o que me marcou demais e foi a prova definitiva, embora eu não tivesse mais dúvidas da veracidade do trabalho do Chico, do que ele era de diferente, mas principalmente do que ele recebia de um mundo que nós mal conhecíamos, foi quando recebi uma ordem do Sr. Edmundo Monteiro para buscar o Chico em Uberaba, porque um grupo de professores da USP e da Unicamp queria conversar com o Chico em virtude das citações que ele fez na minha primeira entrevista em 1968, e depois nos dois programas "Pinga-Fogo", principalmente, quando, em certo momento, se aprofundou em assuntos que envolviam a ciência médica.

Esses médicos estavam preocupados, todos professores. Nós nos encontramos, e em uma reunião no gabinete do Sr. Edmundo, que começou às catorze horas, com a presença dele, do diretor do departamento de jornalismo da emissora, Valter Sampaio, e eu, como repórter responsável pela presença do Chico, acompanhamos o debate entre ele e os seis professores, cada um na sua especialidade, até as dez e meia da noite. Como leigo, posso afirmar que tivemos um verdadeiro atestado da competência do Chico Xavier e da cultura científica que ele apresentou aos cientistas ali.

Um registro importante: todos eles foram lá, a exemplo do que ocorrera em Pedro Leopoldo, em 1935, quando um professor de Belo Horizonte, chamado Maurício Teixeira, esteve com Chico, querendo saber quem era aquele rapaz. Nesse episódio de 1971, em São Paulo, aconteceu a mesma coisa: Chico discutiu de igual para igual com esses professores de Medicina, que registraram esse documento na história dos Diários e Emissoras Associados, saindo assombrados — segundo expressão de um professor de Psiquiatria lá presente — com o que tinham ouvido, e com o fato de que aquele homem era diferente.

P. – O senhor tem algo para contar sobre as impressões de Chico Xavier ou de Emmanuel dos lugares no exterior que ele visitou ou poderia um dia visitar?
Repórter Saulo Gomes – Há um episódio bastante interessante sobre a visão dele de Roma. Uma de suas irmãs, Lucília, na entrevista que fiz com ela em 1991 sobre Chico, na varanda da casa de Cidália Carvalho, em Pedro Leopoldo, descreve que ele olhava para os fundos da casa e via um cenário de árvores a certa distância, tendo então comentado com a irmã: "Que sensação estou tendo, a ideia de que estou vendo a Roma Antiga". Ele teve a sensação, ali, de estar vendo a Roma Antiga. Levado então pela força de Emmanuel e de outras forças mais, ele descreve em vários programas, inclusive no "Pinga-Fogo", a sensação de ter, em transe, conhecido a Roma Antiga, uma narração que, segundo a Lucília, se assemelhava muito àquela em Pedro Leopoldo.

P. – Houve alguma comunicação mediúnica endereçada ao senhor por meio de Chico Xavier?
Repórter Saulo Gomes – Em 1968, quando fiz a entrevista com ele, entre alguns pedidos que me fez, tinha um de que eu visitasse as dependências do antigo Hospital do Fogo Selvagem, para conhecer as dificuldades que a Sra. Aparecida Conceição Ferreira estava passando com quase uma centena de pacientes, à míngua de tudo, inclusive de remédios. Pedia que de alguma maneira os Diários Associados colaborassem com aquela obra. Eu fui até lá e fiquei horrorizado. Era uma época difícil para certas reportagens, com o governo militar sempre preocupado com as denúncias que pudessem ser feitas. Mas fui até lá e documentei ao Brasil um quadro dantesco de desgraça, miséria e de abandono total. Graças ao apoio do Chico, que sempre incentivou a Sra. Aparecida, esse hospital acabou sendo salvo por conta da reportagem. De maneira até surpreendente para todos nós, a reação governamental foi muito positiva, autoridades e pessoas de muitas cidades brasileiras se organizaram em campanhas para construir um novo hospital no Alto da Abadia, em Uberaba, onde permanece até hoje.

Após a reportagem, que se tornou vitoriosa, uma semana depois os diretores artístico, comercial e de programação dos Diários Associados me chamaram, elogiaram e pediram que eu encerrasse a campanha naquela noite, tirando do ar, pois aquilo estava tumultuando a vida da Tupi, criando dificuldades no campo comercial. Fiquei triste e revoltado, porque estava trabalhando não para mim, mas para um pedido do Chico, ajudando a obra, e a gente sentia que aquilo ia de vento em popa, não deveria parar. Então, contrariando a ordem que havia recebido, disse ao vivo que os diretores haviam me autorizado a continuar com a campanha durante uma semana. Naturalmente, fiquei sujeito a uma punição gravíssima por parte da direção dos Diários Associados. No dia seguinte, o Sr. Edmundo Monteiro, diretor-presidente, fez um documento endereçado ao Cassiano Gabus Mendes, diretor artístico e um dos que estavam pedindo o encerramento da campanha, dando ordem para que se arranjasse espaço e eu pudesse prosseguir divulgando a campanha, que durou mais uma semana.

Surpreendentemente, na mesma hora em que essa ordem era emitida, um portador de Chico Xavier chegava a São Paulo. Ele me procurou e me entregou uma mensagem com a data de 5 de junho de 1968, assinada por Emmanuel, que dizia, em outras palavras, que eu tinha de ter muita paciência, porque ajudar as pessoas que necessitavam era sempre muito difícil, mas que ele, Emmanuel, e muitos outros Espíritos me ajudariam para que eu pudesse realizar aquele trabalho, e que eu não deveria me importar com a proibição, porque a obra iria continuar e seria uma realidade. Eu considerei isso uma coincidência fantástica, e esse documento está em meu poder até hoje.

Isso reforçou a minha convicção de que estava no caminho certo. Em 21 de agosto de 2008 completamos quarenta anos da inauguração das novas dependências do Hospital do Fogo Selvagem. Foi uma mensagem que me trouxe a necessária força para continuar com a campanha que socorreria tanta gente, exatamente como Chico Xavier queria e que conseguiu.

P. – É conhecida a história envolvendo dois jornalistas, Jean Manzon e David Nasser, que tentaram ludibriar Chico Xavier em uma armação. O senhor teve algum contato com David Nasser, que também era dos Diários Associados?
Repórter Saulo Gomes – Convivi durante alguns anos com David Nasser, quando fui repórter contratado da TV Tupi no Rio de Janeiro. E a revista *O Cruzeiro* tem no seu arquivo algumas reportagens minhas de fatos importantes, de grande repercussão na época, assinadas pelo David, que me deixava — eu então um jovem repórter — participar com ele de algumas dessas reportagens, especialmente num programa que ele fazia às terças-feiras na Tupi do Rio de Janeiro chamado "A Grande Reportagem". O trabalho a que você se refere foi assinado por David Nasser e Jean Manzon, um dos maiores fotógrafos que já trabalharam no Brasil, francês, falecido anos depois, mas que deixou um grande acervo histórico. Nas décadas de 1940 e 1950, a maior dupla jornalística do país era justamente essa.

Foram para Pedro Leopoldo, se identificaram falsamente como americanos, fizeram a reportagem que queriam com o Chico e o envolveram num grande escândalo. Eles levaram Chico a determinado lugar da casa, fizeram fotografias do Chico dentro de uma banheira, em posição de quem estivesse copiando livro etc. Isso serviu para escandalizar o Espiritismo e, em especial, a figura do Chico.

Daí o fato de o Chico nunca mais ter sido mostrado em nenhum órgão de imprensa brasileiro, até maio de 1968, quando consegui, depois de meses de tentativa, realizar a primeira entrevista, a histórica entrevista em que espíritas e não espíritas viram Chico Xavier psicografando na TV. Posso dizer que, por meio de nossa reportagem, Chico Xavier e o mundo espírita reataram relações com a imprensa brasileira e do mundo, porque os dois programas "Pinga-Fogo", assim como a entrevista de maio de 1968, foram publicados em vários países, inclusive no Japão. O escândalo da reportagem com David Nasser entristeceu muito o Chico, mas anos depois, em entrevista dada a mim, respondendo a uma pergunta sobre o episódio, disse que Jean Manzon e David Nasser deviam ser respeitados porque eles eram apenas moços querendo uma sensação diferente em sua vida profissional, e que ele, Chico, entendeu que era o culpado. E a história registra a surpresa que esses dois repórteres tiveram, pois foram apresentados a Chico como estrangeiros, receberam do Chico, cada um, um livro com dedicatória, a qual consultaram somente mais tarde, quando se lembraram de olhar os livros, e constataram que Chico os havia dedicado a seus nomes reais, David Nasser e Jean Manzon, o que comprovava que ele conhecia suas identidades.

Certa vez, tive a oportunidade de conversar com o David sobre o episódio, e ele me disse que não havia se tornado espírita, mas que havia sentido muito remorso por ter feito aquilo com Chico, que ele não merecia ter passado por aquilo, mas que ele tinha de fazer e havia feito. Mas que Chico era, de fato, um homem especial e diferente do que havia conhecido. O David nunca disse isso na televisão, até porque ele aparecia muito pouco em frente às câmeras, por mais que assinasse um programa, pois ele escrevia muito bem, mas falava muito mal. Então, David mais de uma vez se penitenciou por aquela reportagem, mesmo sem saber que, tempos depois, Chico o perdoaria na entrevista que eu já mencionei.

P. – O senhor poderia dizer algo a respeito do livro que publicará?

Repórter Saulo Gomes – Pretendo colocar documentos, mensagens especiais, revelações, pedidos do Chico, manuscritos dele endereçados a mim, desde a célebre carta de junho de 1968 endereçada ao Arigó. Então, descrevo 31 anos de convivência de um repórter com o Chico, momentos inusitados, viagens, entrevistas, participações em programas, reuniões com políticos, personalidades do mundo social, em especial de São Paulo, as pessoas que ele ia visitar a convite, pessoas para quem ele psicografou mensagens. Inclusive contarei um caso curioso. Num momento em que todos temiam a Dercy Gonçalves, ela fazia um programa ao vivo na TV Globo de São Paulo. Ela convidou o Chico, que naturalmente pediu que eu o acompanhasse. Ele saiu de lá impressionado e agradecido, fazendo comentários elogiosos e dizendo que havia visto nela uma das pessoas mais sinceras ao entrevistá-lo.

P. – Sendo um jornalista reconhecido e experiente como o senhor, no ensejo das comemorações dos cem anos de nascimento de Chico Xavier, que sugestão o senhor daria para a ampliação da difusão do Espiritismo no Brasil?
Repórter Saulo Gomes – Acho que seria exatamente isso que a FEB está fazendo, divulgar toda a obra espírita, mas com ênfase no trabalho de Chico Xavier. Ele não gostava de ser diferenciado, dizia que era apenas um operário do Espiritismo. Não tenho autoridade para ensinar, mas apenas louvar essa atitude da FEB de divulgar a Doutrina por meio dos grandes vultos, desde Allan Kardec, mas principalmente se centrando nessa figura humana extraordinária que foi Chico Xavier.

P. – Com que palavra ou frase o senhor resumiria Chico Xavier?
Repórter Saulo Gomes – O mais humano dos seres humanos que eu conheci.

P. – Que tipo de tarefa o senhor supõe que Chico esteja realizando agora?
Repórter Saulo Gomes – Eu tenho de ser honesto e afirmar que tenho muita dificuldade em responder a isso objetivamente, mas acredito que ele, no plano superior, está levando mais adiante tudo aquilo que nos mostrou aqui na Terra. Talvez mais aprimorado, com mais recursos, mas continua nos mandando seus fluidos positivos, e principalmente seus bons ensinamentos.

7. **REPERCUSSÕES DE UMA MENSAGEM EM QUE NÃO SE FALAVA EM JESUS**

7.1 **Dr. David Muszkat e D. Sônia Muszkat**

O casal, de religião judaica, recebeu mensagem do filho desencarnado, psicografada por Chico Xavier. Residentes em São Paulo.

P. – O senhor pode nos contar o que aconteceu com o seu filho Roberto?

Dr. David Muszkat – Roberto estava numa fase em que iria fazer vestibular, e como ele era alérgico, tinha bronquite asmática, alergia a leite e derivados, desde criança, então ele já estava acostumado e tinha suas defesas próprias. Mas ele tinha desvio de septo e queria a todo custo operar antes de fazer as provas. Acabou fazendo o vestibular para Medicina e em seguida operou o nariz. A cirurgia foi bem e, já em casa, no segundo dia do pós-operatório, ele pingou um remédio à base de proteinato de prata e aquilo desencadeou um choque anafilático que o fez desencarnar.

Como médico, eu pensava: "Ele estava dentro de um hospital, eu o tirei de lá, levei-o para casa, lá havia todos os recursos...", mas me convenci de que nada do que temos é nosso, mas emprestado, e a hora dele foi aquela. Estava consciente disso, apesar de não estar aceitando aquilo, pois um pai jamais aceita uma coisa assim. Você tenta traçar um plano, fazer ideias e sugestões para os filhos, mas esses caminhos são atravessados de forma diferente. Quando está tudo bem, ainda falo para minha mulher que temos poucas pernas, porque mesmo uma na frente e outra atrás ainda parecem insuficientes.

Depois desse desenlace fatal, algo que até hoje é difícil de assimilar, as coisas foram acontecendo, a vida continuou, o que prova que é possível, claro, com mais cabelos brancos, a pele dura, coração enrijecido, artérias mais duras, o que é sinal de que não somos donos de nada. O importante, no curto período em que estamos vivos, em comparação com a própria idade da civilização, do mundo, é fazermos alguma coisa boa.

Nessa fase é que entra um homem que conheci. Eu costumo até dizer: quem dera eu nunca tivesse conhecido o Chico Xavier, mas felizmente eu o conheci e foi ele que trouxe um calor diferente, naquela humildade. Eu brincava dizendo que ele era o analfabeto mais culto que eu havia conhecido. E criei com ele uma amizade, porque as dificuldades que muitos encontram para chegar até ele, eu nunca encontrei; então pensava que minha família tinha algum mérito. Toda vez que eu ia para lá, mesmo ele estando acamado, ele sempre dizia que queria me receber, trocava algumas palavras. Hoje eu digo que, "se infelizmente eu tive que conhecer o Chico Xavier, felizmente eu o conheci".

Eu frequento, hoje, várias instituições, onde mais ganho do que dou, porque aprendo muito. O Chico apareceu em nossa vida há trinta anos, e foi um bálsamo muito grande, pois naquela época minha esposa estava a ponto de ser internada, e foi ele que realmente, não sei como, nos salvou. Tivemos a benesse de frequentar sua casa, almoçar com ele, e esse carinho vai permanecer para sempre. Observando Chico, a gente aprendeu que devemos sempre estender a mão ao próximo quando a mesa está vazia, a fome aparece, a necessidade se faz presente, e Chico fazia isso sempre. Um homem doente, clinicamente falando, nós já o conhecemos com mais de sessenta anos, e eu sei disso porque a Sônia levava vários remédios para ele, e eu me admirava da quantidade de remédios que ele precisava tomar e mesmo assim fazia tudo o que fazia — o que me leva a pensar que ele realmente era um enviado especial de Deus, não tenho como pensar de outra maneira.

Chico Xavier foi o maior e melhor homem que eu conheci em toda a minha vida. Nunca conheci ninguém tão desprendido como ele, que só deu ensinamentos. Recebi sempre mensagens maravilhosas, e no começo eu até tentava pesquisar algo para saber de onde vinha isso, mas depois cheguei a um ponto em que, mesmo admitindo que eu tinha uma boa capacidade de raciocínio, eu não conseguia mais entender, então passei a aceitar aquilo como algo bom, que estava fazendo bem para mim e minha família.

P. – Quando o senhor tomou a decisão de buscar o Chico?

Dr. David Muszkat – Uma amiga nossa, a Nair Bello, tinha perdido o filho há algum tempo. Eu tratei do filho dela na parte ortopédica. A Nair era de família espírita e me lembro de ela ter mostrado uma carta do filho dela psicografada pelo Chico, muito bonita. Me admirei e passei a cultivar a curiosidade de conhecê-lo um dia, caso fosse possível. Certo dia, Nair falou que Chico viria a São Paulo, a um centro espírita no bairro do Jabaquara, e me disse que poderia conseguir uma espécie de convite, contanto que eu estivesse lá por volta das quinze horas.

Fui como curioso, queria chegar perto dele, e foi interessante porque, quando cheguei na frente dele, ele me disse: "Estou com uma dor no ombro", ele tinha uma bursite de ombro, não sei se ele quis brincar ou de fato já sabia da minha especialidade médica. O fato é que ele me chamou pelo nome e me deu de presente um livro autografado chamado *Meu Amigo.* Isso foi em 1978.

Meu filho veio a falecer em 1979. Naquela agonia, como temos muitos amigos, família grande, a casa sempre cheia, todos se interessavam em dar alguma palavra de apoio, mas a Nair Bello disse que nos levaria ao Chico, em Uberaba. Viajamos nós três, e a chegada lá foi interessante. Chico estava sentado num alpendre no quintal de sua casa. Veio ao nosso encontro, beijou minha mão e disse: "Doutor David, a morte não existe. Um dia o Roberto vai falar com o senhor". E eu fiquei pensando como é que ele me falava um negócio desses, eu senti na hora como se fosse uma facada, mas depois, com o tempo, fui entendendo.

Embora a minha convivência com o Chico não fosse tão longa, tão constante — eu o via talvez três ou quatro vezes por ano —, cheguei a ser "segurança" dele nas festas em que ia em São Paulo, até que um dia eu recebi tantas pragas de uma mulher que eu tive de afastar dele, que ele olhou para mim, sorriu e disse: "Não ligue, doutor, é assim mesmo". Podia ter centenas de pessoas no lugar, ele estava sempre atento, via tudo o que acontecia ao redor. Um homem ímpar, bom, e eu agradeço a Deus a chance de termos convivido com ele. Naquilo que a gente passou, não encontramos um bálsamo melhor.

P. – Quando os senhores receberam a primeira mensagem de Roberto?

Dr. David Muszkat – Passado esse primeiro contato com ele, numa sexta-feira, fomos ao centro espírita naquele mesmo dia e também no sábado. Recebemos alguns recados do Dr. Bezerra de Menezes, e a Sônia todo mês ia para lá, até que chegou a época do Dia dos Pais, agosto de 1979, e eu lembro que falei para ela: "Vai para Uberaba, que eu estou sentindo que o Roberto vai se comunicar com a gente". Ela então foi com meu outro filho, o Ricardo.

Nesse dia, eu não podia ir com eles, porque tinha meus pacientes, mas acabei indo a uma reunião; nem era o meu dia de estar lá, mas por estar agoniado, acabei indo. Durante a reunião, em um momento em que eu nem deveria pedir a palavra, me deram licença de falar, e eu pedi a todos os presentes que fizessem uma corrente positiva, porque eu sentia que meu filho estava se comunicando comigo lá no Chico Xavier. Minha esposa me ligou perto das cinco horas da manhã, dizendo que o Chico havia recebido uma mensagem e que a leu por volta do mesmo horário da reunião em que eu estava, fiquei impressionado. Essa foi a primeira mensagem.

P. – O que os senhores encontraram nessa mensagem que deu a certeza de que era realmente de Roberto?

Dr. David Muszkat – Havia muitas identificações. Se você pegar tanto nossas mensagens, quanto as de outros, o bojo é mais ou menos o mesmo. Também não poderia ser diferente, porque é uma coisa que acontece para todos, é o natural da vida, não para nós, mas acaba sendo uma normalidade de vida e morte. Ao longo das mensagens, a gente começa a pesquisar entrelinhas, então, eu dizia: "Como uma pessoa, por memória mais avantajada que tenha, consegue várias mensagens, tantos nomes diferentes, não dá...". Não dá para dizer que foi preparado.

D. Sônia Muszkat – A primeira mensagem, quando recebi, foi uma emoção muito forte, mais forte ainda porque eu me culpava, já que fui eu que falei para o Roberto fazer a cirurgia de qualquer maneira, porque o médico já havia dito que ele não respirava por uma narina. Então, eu me culpava da morte dele. E nessa primeira mensagem, eu ainda não tinha contato direto com o Chico. Eu chegava lá, me sentava na cadeira às duas da tarde e ficava lá até às seis da manhã. Não me mexia, nem o Chico sabia nada a meu respeito.

Na primeira mensagem, veio assim: "Mãezinha querida, não se culpe, não é a senhora a culpada". Então, como o Chico sabia o que tinha acontecido se eu não tinha relatado nada a ele? Além disso, na primeira mensagem havia nomes e situações, provas concretas de que era ele, de fato. A segunda mensagem foi no aniversário dele, nós fomos comemorar em Uberaba. Fazíamos uma festa para as crianças, com bolos e balas; a gente fazia uma comemoração do aniversário do Roberto, ia a família toda, amigos.

Na segunda mensagem, vieram palavras hebraicas escritas em português. Eu fiquei realmente paralisada. Vieram palavras de reza; ele dizia como havia sido recebido pelo avô; sobre a Páscoa, porque ele morreu e o judeu fica oito dias em casa, e nós terminamos esses dias e começou a Páscoa. E ele contou como o avô paterno dele, Moisés Aaron Muszkat, foi buscá-lo para a festa da Páscoa; que os amigos do avô o receberam num salão, com os cânticos em hebraico. Eu levei a mensagem para um rabino ler. Uma dessas orações da carta, exatamente a da parte em que os amigos do avô paterno o receberam, é a mesma reza que se faz aqui, na despedida com o corpo presente. E ele trouxe muitas novidades sobre a colônia judaica no Além, o que se repetiu em outras mensagens posteriores.

Um dos assistentes do Chico ainda frisou: "Essas mensagens do Roberto são muito importantes", porque ele era o único Espírito judeu que, até então, havia trazido mensagens da colônia judaica; ainda não haviam tido nenhuma experiência ou notícia sobre isso. O interessante é que as palavras hebraicas, nas mensagens, sempre apareciam no momento certo. Chico Xavier, como meu esposo falou, jamais ia saber hebraico. Então são coisas que funcionaram como provas concretas, e que fizeram bem não só para mim, porque mesmo os pais que não recebiam mensagens ficavam satisfeitos ao ouvir a mensagem dos outros. Parecia que era para todos os pais.

P. – O que mudou na vida de vocês quando tiveram essa certeza de que, de fato, era seu filho desencarnado que se comunicava, alguém que vocês pensavam ter perdido?

Dr. David Muszkat – Na lápide do meu filho eu escrevi, entre outras frases, "19 anos de amor seguidos de infinita dor...", foi o que me ocorreu de colocar, que é algo que eu sinto até hoje. E eu acho que, se eu consegui suportar até hoje, é porque Deus dá um fardo que Ele sabe que podemos carregar. Na hora, você pensa que quer ir junto, ou ir no lugar dele, mas logo você se lembra da responsabilidade para com o resto da família. Eu penso que cada pequena partícula tem que ter a sua participação no todo, e eu acho que isso foi o verdadeiro ensinamento que o Chico tentou passar, porque o sentimento pai-filho é diferente do de filho-pai. Eu tive pais maravilhosos, dedicados, e tive um filho dedicado. Mas se eu fosse mensurar, a morte deles não foi tão sofrida quanto a do filho. Hoje eu considero que meu filho só não está presente de corpo físico, mas continua vivo ao nosso lado, em todos os momentos de nosso cotidiano, até mesmo para justificar o porquê de eu estar aqui, conversando com você. É uma homenagem e gratidão a ele, ao Chico Xavier.

P. – Como a família de vocês recebeu as comunicações?

D. Sônia Muszkat – Eu realmente agradeço a Deus por ter colocado o Chico em nosso caminho. Após receber as mensagens, não só eu, mas toda a minha família mudou. Tivemos provas de que o Roberto não morreu. Tanto é verdade que às vezes meus filhos ligam e perguntam onde fomos naquele dia, quem estava com a gente, e nós respondemos que estávamos nós e o Roberto. Eu sempre estou com ele, porque o sinto vivo, ele está sempre presente. Nas mensagens, e da maneira como o Chico me passava recados que o Roberto mandava, eu senti que ele está vivo.

Minha filha Rosana sempre acreditou em Deus, mas, na parte de espiritualidade em si, nunca se interessou muito. Dizia assim: "Não sei se acredito, mas fazem tão bem para minha mãe essas mensagens que eu fico feliz e adoro Chico Xavier". Ela só teve provas e começou a acreditar depois que o Roberto disse: "Deixa ela, mãezinha, que um dia ela vai sozinha descobrir a verdade". Como aconteceu com uma mensagem que veio com a assinatura "Rob", e eu e a família ficamos surpresas, porque não conhecíamos esse apelido dele, nunca o chamaram assim. Passaram-se uns dois anos. Eu ia mensalmente ao Chico, porque só de chegar na porta dele, na rua, fazia bem. Eu já me sentia outra pessoa. E minha filha foi comigo nesse dia. Durante dois anos não se sabia o porquê desse apelido, e o Chico me dizia que íamos descobrir.

Quando o livro estava para ser feito, editado pela GEEM, eu estava conferindo as mensagens. Numa tarde, minha filha veio a mim, e todos sabiam que tudo o que pertencia ao Roberto tinham de entregar para mim. Nessa tarde, ela veio correndo, com um caderno na mão, branca, chorando: "Mãe, olha o que eu achei". Ela mostrou a página de um caderno, escrita com as próprias mãos do meu filho, assinada "Rob". Naquele exato instante, ela "se acabou", e foi uma prova para toda a família. Como o Chico saberia desse nome, Rob, se nem a própria família nunca o vira escrever isso?

Então, nós, a família, só pudemos ficar muito felizes, os amigos também, porque ele sempre foi muito presente com os amigos, com as mensagens, pois são prova de que está vivo, e isso tudo graças ao Chico

Xavier. Por isso ele é uma pessoa muito importante para nós e para outros milhões de pessoas.

P. – Na época, além da constatação de todo o trabalho do Chico, qual o impacto causado em vocês por esse conjunto de mensagens, no que se refere à aceitação do Espiritismo e à realização de trabalhos assistenciais?

D. Sônia Muszkat – Você tem que se dar para receber algo de bom, fazer o bem sem olhar a quem. Eu, na época em que o Roberto mandou uma mensagem dizendo para dar leite a uma criança, demorei dois anos para achar o lugar certo, porque o Chico sempre dizia que não era ali ainda, que era para eu ficar calma, que eu iria encontrar.

A maior dificuldade para encontrar era que, depois que a gente contava a história toda, as pessoas diziam que não precisava que a gente fosse lá toda semana, que era mais fácil nós darmos o dinheiro, que eles fariam o lanche em nome do Roberto. Eu não concordava, porque não era aquilo que minha família queria. Nós queríamos ter o contato direto com as pessoas, dar uma boa palavra para quem necessitava. Não era só a questão financeira, era você saber dos problemas das pessoas, que são carentes, precisam de palavras de amor. Eu estava muito aflita quando, graças a Deus, achamos o lugar em Diadema.

Meus filhos, empregadas, professora dos meus filhos, amigos, todos queriam ajudar no lanche, que era completo. Fazíamos preces, aulas de higiene, enfim. E isso tudo ia fazendo a gente se sentir bem. A gente dava muita atenção, carinho, amor. As pessoas vinham chorando e a gente conversava; desabafavam e saíam sorrindo. Não via a hora de chegar o dia para irmos. Isso começou a mudar nossa vida.

Começamos então a fazer a festa de aniversário do Roberto. Até hoje meus netos falam para irmos para lá, pois meus filhos passaram isso para os meus netos. E eu aconselho a todas as pessoas, tanto as mães que perderam os filhos, ou mesmo aquelas que estão bem, que não passaram por problemas, a fazer trabalho voluntário, porque só assim é que você poderá dizer, ao se deitar, que fez de fato alguém feliz.

P. – Atualmente, vocês mantêm alguma vinculação ativa a alguma sinagoga, algum centro? Como vocês atuam hoje?
Dr. David Muszkat – Eu sou judeu de formação, não sou espírita. Acho que espiritualidade cada um tem a sua, e desde antes de acontecer isso com o Roberto, eu frequentava a sinagoga nos dias religiosos do calendário judeu. Sou um homem prestativo na comunidade inteira. Antes, de forma até mais abrangente. Hoje, por conta da idade, do cansaço natural, estou mais restrito. Então, atuante nesse sentido. Com relação ao centro do Chico, ainda hoje fazemos as festas de aniversário. No meu aniversário, distribuo cobertores, em homenagem a Roberto. Ainda hoje há gente que se lembra da história do Roberto, porque na época eram crianças e hoje falam comigo. Então, é uma alegria.

O Chico ensinou muitos caminhos, a gente já era uma família que sempre pôde fazer as coisas, em vez de pedir, graças a Deus. Agora, esse pedaço que tivemos com Chico, isso é até o fim da vida, e até depois. Mas, até lá, meu respeito e a dedicação em relação ao Chico Xavier permanecerão. Eu ainda vou a Uberaba duas ou três vezes por ano: passo no Celso, no Carlos, no Grupo Espírita da Prece e na Cida, e todos eles reverenciam o Chico Xavier.

P. – Como o rabinato recebeu essas comunicações?
Dr. David Muszkat – Teve uma vez, durante as celebrações do Yom Kippur, que é nossa mais importante data, que me encontrei com um rabino norte-americano, considerado pelos judeus um dos maiores rabinos da religião. Havia outros rabinos presentes, fizemos as rezas tradicionais e depois conversei um pouco com esse rabino e lhe falei sobre o Chico Xavier. Ao final da conversa, ele me disse: "*He's a wise and good man*", que significa "Ele é um sábio e bom homem". Quando fui a Uberaba, disse ao Chico que tinha uma história para contar para ele. Eu tinha uma foto do tal rabino, que já faleceu, e mostrei ao Chico. Ele olhou a foto e me disse: "Ele é um sábio e bom homem", as mesmas palavras que o rabino usou. Disse ao Chico que estava arrepiado, pois foram as mesmas palavras que ele usou para se referir ao Chico.

P. – O que vocês dois podem dizer a respeito de Chico Xavier e do fato de Deus tê-lo colocado no Brasil?

D. Sônia Muszkat – Numa das visitas que fiz a ele, na hora da despedida, no sábado, formava-se uma fila, e eu fazia questão de ficar nela para cumprimentar o Chico, agradecer pelo trabalho, por estar ao lado dele, pelo que me passou de bom. Quando fui beijá-lo, ele me puxou e falou: "Dona Sônia, o Roberto está me dizendo que ele manda agradecer ao pai pelas preces que o pai faz pra ele diariamente. O doutor David reza pelo Roberto?", ele perguntou. "Sabe, Chico, nós judeus...", ele não sabia se era judia, cristã, nada. Então eu comentei com ele que, quando perdemos um parente, devemos rezar durante onze meses às seis da manhã e às seis da tarde, e que o David rezava, sim, pelo filho. O Chico arregalou os olhos e disse: "Pois o Roberto está dizendo que agradece muito essas preces, e que elas caem como se fossem raios de luz sobre seu Espírito".

É por essas e tantas outras palavras que eu só posso agradecer ao Chico, e a Deus também por ter me colocado no caminho dele. Chico Xavier tinha amor pelo meu filho e pelos filhos de muitas e muitas mães que lá estiveram com ele. Quanto a ele ter nascido no Brasil, meu coração diz que Deus acha que o povo brasileiro é o que mais tem sentimento pelo próximo. Tanto é que Deus o pôs aqui, e somos o país do Movimento Espírita mais intenso.

Dr. David Muszkat – Há coisas que somente Deus mesmo sabe por que faz, mas eu acredito que Deus o colocou aqui pelo potencial de misturas de raças, credos. Chico Xavier seria um canalizador, um mentor acima de qualquer suspeita, que pudesse equilibrar as coisas. Por isso que acho que não importa o credo que Chico professasse, porque, na verdade, a religião do Chico era a bondade, o amor, a atenção ao próximo, a prática de virtudes, de fazer o bem. E que bom que Deus o colocou aqui.

8. REPERCUSSÕES DE INFORMAÇÕES E ORIENTAÇÕES CIENTÍFICAS

8.1 **Dra. Marlene Rossi Severino Nobre**

Médica e fundadora das Associações Médico-Espíritas de São Paulo, do Brasil e Internacional. Autora de vários livros sobre Ciência e Espiritualidade. Residente em São Paulo.

P. – Como a senhora conheceu Chico Xavier?

Dra. Marlene Nobre – Eu conheci o Chico em outubro de 1958, fazia o segundo ano de Medicina em Uberaba. Waldo Vieira foi encarregado por Chico de fazer um convite para que eu fosse até ele, porque ele tinha um pedido para me fazer. Eu estranhei, porque não conhecia Chico pessoalmente, apesar de já ter lido várias de suas obras e o admirasse bastante. Fiquei surpresa, mas fui. De fato, foi um encontro muito alegre e prazeroso, e me senti em casa, mas eu ainda tratava o Chico de "senhor", porque eu o tinha como alguém distante de mim, mas, na conversa com ele, me pediu que o tratasse apenas como Chico. O que ele queria na conversa era me chamar para trabalhar com ele nas reuniões públicas. Ele me pediu que falasse sobre as lições da noite, que normalmente eram escolhidas por Emmanuel. Me pedia particularmente para falar sobre *O Livro dos Espíritos*, porque as pessoas preferiam as lições de *O Evangelho segundo o Espiritismo*, e às vezes terminava a noite e não era comentada a lição de *O Livro dos Espíritos*. Eu disse que, se ele achava que eu poderia contribuir com algo, eu faria para desempenhar a tarefa. E assim foi. Ele ainda morava em Pedro Leopoldo, estava em visita preliminar a Uberaba, se mudaria definitivamente em janeiro de 1959, quando então começamos a parceria. De início, fazíamos às segundas e sextas-feiras as reuniões públicas e, em geral, eu fazia o comentário. Isso era necessário porque Chico e Waldo deslocavam-se para o quartinho onde recebiam as receitas da noite, em torno de seiscentos ou mais por noite, e nós tínhamos que manter o ambiente por meio da explanação a respeito dos dois livros. E assim eu fiz. Me ative à promessa feita ao Chico e comentei mais sobre *O Livro dos Espíritos*, e quando havia alguma conexão, eu a fazia entre *O Livro dos Espíritos* e *O Evangelho segundo o Espiritismo*. E assim foi até 1962, quando me formei e me mudei de Uberaba. Eu acredito que, ao pedir ênfase para o comentário de *O Livro dos Espíritos*, Chico, a pedido de Emmanuel, estava me preparando para uma tarefa futura, que seria mais na área científica, com o apoio da moral e da religião.

P. – Como foi, sendo médica, a senhora ter despertado interesse mais particular por algumas obras psicográficas de Chico Xavier?

Dra. Marlene Nobre – Inicialmente, devo dizer que li de tudo, todos os assuntos me interessaram, especialmente a coleção "A vida no mundo espiritual", de André Luiz. Mais tarde, até mesmo com a consolidação da minha formação, eu fui vendo quanto essas obras contribuíam para a Ciência e a Medicina em particular, por isso me dediquei mais a essa parte, mesmo porque os Espíritos me têm dito que na área evangélica nós temos muitos livros e oradores importantes, mas agora a necessidade maior recairia sobre a parte científica do Espiritismo.

P. – Como surgiu a fundação da Associação Médico-Espírita de São Paulo? Chico Xavier teve alguma influência?

Dra. Marlene Nobre – Antes de responder a sua pergunta, preciso narrar alguns episódios que aconteceram e que vão fazer parte da resposta. Em 31 de dezembro de 1965, eu estava descansando em férias e o Dr. Bezerra de Menezes passou um filme para mim e assisti a ele em desdobramento durante o sono, com cenas que mostravam quinhentos anos atrás. Eu fiquei um pouco chocada, mas ele me disse que eu precisava ver aquilo, em virtude do que vai se desdobrar daqui para a frente. Em virtude desses acontecimentos que ele estava me mostrando e narrando: "o Dr. Luiz Monteiro de Barros vai entrar em contato com você, e quando ele o fizer, não recuse sua oferta, tenha sempre em mente que ambos deverão trabalhar juntos". Terminou o sono, fiquei bastante abalada. Os meses foram passando e nada. No final de 1966, o Dr. Luiz Monteiro de Barros me manda convidar para as reuniões preliminares de fundação da Associação Médico-Espírita de São Paulo. Me lembrando do sonho, disse a ele imediatamente que estava pronta e iria. Jamais contei a ele sobre o sonho, entretanto. Começamos então os preparativos por meio de reunião com os colegas, durante todo o ano de 1967, e devo dizer também que o médium Spártaco Ghilardi, muito amigo de Chico, recebeu, por meio da vidência, informações dos Espíritos Bezerra de Menezes e Batuíra, de que era necessário fundar uma associação médico-espírita em São Paulo. Isso porque Spártaco fazia na rua Rosa e Silva, numa dependência fora de sua casa, reuniões aos sábados e, a partir das 6h30, iam muitos médicos, que tomavam passe, havia um estudo e depois iam visitar os doentes e fazer cirurgias, tudo isso no sábado. Dr. Bezerra de Menezes e Batuíra diziam que não era por acaso que se reuniam ali tantos médicos, e que a Espiritualidade pedia que fundassem a associação. Então, a partir do empenho do médium Spártaco, o Dr. Luiz Monteiro de Barros e o Dr. Antonio Ferreira Filho começaram a chamar os colegas para participar das primeiras reuniões de fundação, e foi aí que recebi a carta que mencionei. Eu participei durante todo o ano de 1967; inclusive, quando o Freitas Nobre, meu marido, estava em São Paulo, ia comigo. Foi muito interessante porque as coisas foram se encaixando, meu marido ajudou nos primeiros estatutos da entidade e nós fomos para Araras em janeiro, onde realizamos a primeira reunião dos médicos espíritas com vista à fundação da Associação Médico-Espírita. E de fato nós burilamos os estatutos, nos confraternizamos e marcamos a data da fundação: 30 de março de 1968.

P. – Houve depois disso alguma mensagem recebida por Chico Xavier especificamente de estímulo ou orientação quanto à AME?

Dra. Marlene Nobre – Chico chamou Spártaco quando ele foi dar notícias da fundação da AME de São Paulo e disse a ele: "Não quero detalhes da fundação, quero apenas que você me diga onde ficaram o Dr. Luiz Monteiro de Barros e a Marlene nessa associação". Então, há uma imbricação muito grande entre meu sonho, a visão do Spártaco e o próprio Chico. Tudo indica, então, que ele acompanhou todos os lances, porque tudo o que o Dr. Bezerra me falou ele estava repetindo ali. Spártaco disse a ele que ficasse sossegado, porque o Dr. Luiz ficara no Conselho Deliberativo, e a Marlene, na diretoria. Então a gente compreendeu que ele acompanhou tudo, mesmo porque ele tinha muita confiança no médium Spártaco Ghilardi, conversava muito com ele sobre isso, e acredito que até mesmo as visões que o Spártaco teve eram de conhecimento do Chico Xavier.

Em 1984, a AME marcou uma entrevista e, em 7 de setembro, fomos até Uberaba. Tivemos a oportunidade de trocar ideias, com a presença de Emmanuel, dos benfeitores espirituais, ele deu várias indicações de pesquisas, inclusive do sonambulismo, da hipnose, que seriam questões importantes para serem colocadas por nós, médicos espíritas, porque haveria uma grande influência da alma sobre o organismo nesses estados, apareceria muito claramente. À noite, a Maria Julia Perez colocou o nome da AME como já havíamos sido orientados; por três horas consecutivas, o Dr. Bezerra de Menezes nos mandou apenas um bilhete, mas muito significativo, guardado por nós com muito carinho. Houve um outro fato relacionando Chico à AME. Em 1990, assumi a presidência da AME de São Paulo e jamais havia sido presidente. E foi por uma ingerência que todos renunciaram à diretoria. Eu era a primeira vice a assumir, e depois só ficaram comigo o Dr. Antonio Ferreira Filho e a Dra. Elisabete Nicodemos, os demais abandonaram a AME. Eu fui fazer uma visita ao Chico logo em seguida que eu assumi a presidência da AME, e ele quis saber detalhes. Eu disse: "Chico, passamos por um verdadeiro vendaval, quase que a AME se desfaz". Ele me disse: "Minha filha, uma falange se postou contra a AME de São Paulo, porque sabe que ela tem uma missão muito importante, não apenas agora, mas no futuro, então, vamos apelar ao Dr. Bezerra, aos Espíritos do bem e vamos vencer essa fase difícil". E de fato, devagarzinho, fomos nos levantando, nos reconstruindo, e a AMESP iniciou, a partir de 1991, os congressos que redundariam, em 1995, na fundação da AME do Brasil. Mas, para a fundação da AME do Brasil, houve uma continuidade de revelação e informação. Eu conversei com Chico no começo de 1990; no final desse mesmo ano, meu marido desencarnou, em 19 de novembro, e o Dr. Bezerra me apareceu 15 dias depois, falando muito comigo, e as coisas que ele me falou permanecem muito vívidas na minha memória, mas a gente vai esquecendo com o tempo. Me disse que estava na hora de fundar a AME do Brasil porque ela já estava formada no coração de Jesus e seria apenas uma materialização na Terra. Ele me deu várias informações, revelações, nos orientou bastante, e não foi só nesse dia. Foram anos e tem sido assim até hoje, orientações diretas sobre o que se deve fazer, países a se visitar, temas; enfim, ele acompanha de perto o desdobrar desse movimento. Ele nos aconselhou a fazer um congresso em 1991, no mês de Maria, a fim de chamarmos os colegas, e eu disse que nunca havia feito um, e ele disse para que eu não me preocupasse, que eu deveria fazer os trâmites iniciais e que eles se incumbiriam do restante — foi o que aconteceu.

P. – O programa de trabalho da AME está pautado pelas obras psicográficas de Chico Xavier?

Dra. Marlene Nobre – Sim, nós nos pautamos pela obra de Chico Xavier/Emmanuel, Chico Xavier/André Luiz, porque nada saiu sem a supervisão dos Benfeitores, e nos pautando por essas informações é que nós estudamos, montamos protocolos de pesquisa, porque há um oceano de informações nessas obras, principalmente para a parte científica na área médica.

P. – A senhora consegue detectar algumas antecipações científicas nas obras de Emmanuel e André Luiz?

Dra. Marlene Nobre – Eu não gostaria de deixar a obra de Emmanuel fora justamente por isso, porque ela é muito marcante. O livro *Pensamento e Vida* é um pequeno grande livro que traz essas revelações de Emmanuel, falando sobre a depressão, os estados de tristeza, que alteram a divisão das células em mitose, o que poderá levar a problemas cancerígenos, isso em 1958, e esses dados só foram confirmados por uma equipe médica que estudou a depressão e a relacionou com o câncer e que foi motivo de prêmio Nobel quase vinte anos depois. Ele também fala que existe uma quinta força no Universo, que é o pensamento, e é algo que muitos físicos estão buscando. Nós acreditamos que o Fluido Cósmico Universal seja o pensamento de Deus, com o qual ele equilibra o Universo inteiro, então, Emmanuel está com muita razão quando diz que o pensamento é a quinta força, e mesmo porque, na Teoria das Cordas, ou das Supercordas, nós tenhamos algo no futuro que possa trazer uma explicação para essa questão, se ela existe ou não.

P. – E nas obras do Espírito André Luiz, a senhora teria algum destaque a fazer?

Dra. Marlene Nobre – É um mar revolto de tanta informação, mas nós temos uns 35 itens, e a gente poderia ir destrinchando devagar. É claro que Allan Kardec foi o grande impulsionador de todo o novo paradigma para a Medicina, mas foi André Luiz que conseguiu amarrar tudo isso dentro de um programa que é importante para nós na Medicina, porque os casos que conta, as informações que traz acabam nos dando uma ideia muito perfeita de como é, por exemplo, a visão integral do ser. Então, quando eu falo do poder do espírito, isso é fundamental, porque hoje se faz a Medicina do corpo e não se conhece nada além disso, ou não se deseja conhecer, mas ele também diz que não devemos observar o espírito de maneira estanque, mas vê-lo na fieira das encarnações e, dentro dessa fieira, temos que observar o quanto a teoria de Darwin nos traz e como interpretá-la à luz do Espiritismo.

O livro *Evolução em dois mundos* já pelo próprio título nos ensina que precisamos colocar a evolução nos dois planos da vida, senão não a entenderemos. Foi o que aconteceu com Darwin. Ele coloca o acaso como algo fundamental de sua teoria, e seus seguidores também. André Luiz diz, em *Evolução em dois mundos*, que a seleção natural de fato existe, mas ela é comandada por meio da própria inteligência que está construindo seu corpo, auxiliada por Inteligências Superiores que orientam essa evolução, e tudo isso nos dois planos da vida, porque tudo o que o perispírito consegue, ele guarda para aplicar nas encarnações seguintes, e é esse segredo que os darwinistas não alcançam, a evolução em dois mundos. O perispírito guarda tudo o que o espírito aprendeu naquela existência e ainda passa para os da mesma espécie, então, a ressonância mórfica e os campos morfogenéticos de Ruphert Sheldrake estão absolutamente dentro de tudo o que André Luiz fala em *Evolução em dois mundos*. Mas nós temos muito mais do que isso. Como o pensamento, por exemplo, porque André Luiz coloca a física quântica como uma Lei Universal que vige em todas as dimensões do Universo, e coloca que quanto mais tênue é a matéria, mais ela reage aos princípios da física quântica, e situou o pensamento como uma dessas matérias tênues, e extrapola, dizendo que o pensamento vai além da velocidade da luz, que o sentimento é que dá forma e natureza ao pensamento. Normalmente, quando você fala em pensamento, as pessoas não ligam ao sentimento; no entanto, o que ele diz é que não existe pensamento sem um sentimento que lhe corresponda, sendo este o que dá àquele forma e sentido. Outro dado muito importante que ele nos traz é quando fala sobre a influência do pensamento em nosso próprio corpo e a ligação espírito-matéria, mente-corpo, porque por meio dessa ligação passamos pelos estados felizes e infelizes que cultivamos dentro de nós pelos nossos pensamentos.

P. – No mundo acadêmico, há algum estudo em andamento ou concluído que se baseie na obra psicográfica de Chico Xavier, em especial no tocante a André Luiz?

Dra. Marlene Nobre – O nosso maior sonho dentro da AME é fazer protocolos de pesquisa baseados na obra de André Luiz. No entanto, sabemos as dificuldades disso, mas, por exemplo, a glândula pineal ou epífise. O livro *Missionários da Luz* foi recebido pelo Chico Xavier em 1945. Na época era uma heresia falar que a pineal teria outra função que não aquela de acordar o ser humano para o sexo na puberdade. Era isso e acabou, um órgão vestigial no adulto, sem função. Mas André Luiz coloca inúmeras funções: controla o sistema endócrino, preside as emoções, distribui as forças espirituais para os órgãos, é o órgão da vida mental. Então, como compreender naquela época que isso seria assim? Foi quando, em 1958, surge uma experiência de Aaron Lerner e colegas na Universidade de Yale que revela que a melatonina é um hormônio que é mais particularmente produzido na pineal. A partir daí, desdobram-se pesquisas em vários lugares do mundo para saber onde a melatonina poderia atuar, e descobre-se então as funções dela no organismo. E as conclusões a que a Ciência tem chegado estão bem próximas das revelações de André Luiz. Então seria muito importante para nós se pudéssemos realizar o que os nossos cientistas não estão alertas para fazer, porque não conhecem essas revelações, que seria a influência da pineal no processo mediúnico, por exemplo. Mas isso demandaria um livro, "Neurofisiologia da mediunidade", que seria conhecermos quais as modificações fisiológicas do corpo sob a influência da pineal, favorecendo o fenômeno mediúnico. Mas isso nós não temos ainda, evidentemente, mas é possível ir montando aos poucos, por meio não só das experiências que nós temos, mas também das que vêm de fora.

P. – E na área da saúde mental, há algum protocolo sobre os impactos da obra de Chico Xavier na proposição de novos tratamentos?

Dra. Marlene Nobre – O que estamos tentando é fazer um levantamento entre aquilo que os médiuns dizem sobre o paciente, anotando isso, sem saber nem mesmo o nome dele, confrontando com a anamnese e procurando ver se existe uma informação correta ou próxima da realidade. E isso o Dr. Roberto Lúcio já tem feito no Hospital André Luiz, de Belo Horizonte, com muito bons resultados, porque, para compreender melhor o ser humano, diz André Luiz, nós precisaríamos ir até os complexos de culpa, às vidas passadas, fazer uma anamnese de toda a família e um levantamento, se possível, das falhas do passado que estejam atuantes no presente. Por enquanto, isso é uma utopia, mas por intermédio dos médiuns, talvez, não seja tão difícil descobrir as razões que levaram ao problema tão grave, por exemplo, como das psicoses. E tenho tido muitos bons resultados, não no sentido de informar ao paciente, porque não é essa a intenção, mas de dar ao terapeuta espírita uma visão global daquele ser. Tanto assim que o Hospital André Luiz tem um volume maior de casos em que a terapêutica é mais bem aproveitada que outros hospitais, porque há também um tratamento de fluidoterapia e passes para os pacientes que assim o desejarem. Então, esse protocolo de orientação terapêutica já existe e não saberia dizer, mas no Hospital Espírita de Porto Alegre também deve ter, porque há ali muitos voluntários espíritas que realizam tarefas importantes, mas temos muito mais a caminhar, fazendo o cotejamento entre a obra de André Luiz e aquilo de que necessitamos na prática, porque enquanto não se descobrir o perispírito e a interação dele com o corpo material, ainda para nós vai ser mais difícil compreender a visão integral do ser.

Aliás, na constituição do ser humano, André Luiz caminhou enormemente, porque é a alma, o corpo físico, os envoltórios sutis e dentro destes o corpo mental, o perispírito, dentro deste o corpo causal, corpo vital, ele nos está dando a constituição do ser humano na sua integralidade, embora ele não tenha falado tudo, evidentemente, porque ainda não temos capacidade de compreender.

P. – Nos congressos que a AME Internacional tem realizado e que contam com muitos participantes de países do Hemisfério Norte, qual o interesse deles ao terem contato com os dados advindos da obra psicográfica de Chico Xavier?

Dra. Marlene Nobre – As nossas palestras têm causado muito impacto no exterior. Os assuntos têm sido apresentados primeiramente com uma contribuição da Medicina e da Ciência de todo mundo por meio do recolhimento dessas pesquisas e da apresentação da palestra. Mas em seguida vem a orientação de Emmanuel e André Luiz sobre esses mesmos assuntos. Então o impacto é grande, porque eles desejam saber onde está a fonte e sobre o que estamos falando. Por exemplo, na integração cérebro-mente-corpo, falei tendo como base completa o livro *Evolução em dois mundos*, sendo que até hoje as pessoas pensam que a parte de hereditariedade do DNA não pode ser modificada, mas André Luiz diz que pode, por meio da influência do espírito sobre o citoplasma e não sobre o núcleo. O citoplasma é que diz ao núcleo a proteína que este deve fazer e qual o gene que ele deseja colocar em atividade. Então, isso carecia de embasamento científico, no entanto, o Dr. Kazuo Murakami, que descobriu o genoma da renina, ele vem a campo para dizer que os genes podem ser modificados, que se deve agir no citoplasma e que os pensamentos positivos é que trazem felicidade ao homem, tudo isso num excelente livro, *Código divino da Vida*. Além dele, o Dr. Bruce Lipton, que nos trouxe *A biologia da crença*, um *best-seller* nos EUA, fala a mesma coisa, que podemos modificar o gene por meio do pensamento e que por isso não devemos cultivar pensamentos ruins, e que as proteínas se modificam a partir de nossos pensamentos. Então, tudo o que o André Luiz disse há cinquenta anos, em 1958, está se confirmando mais e mais. E quando apresentamos as ideias nesses congressos, não estamos fazendo a partir de um pesquisador brasileiro, estamos colocando um cientista estrangeiro que de fato fala a mesma coisa que nós. O impacto então é muito grande, porque o convencimento se dá por pesquisas muito bem fundamentadas, que não estão sendo inventadas.

P. – Por ocasião do centenário de Chico Xavier e pelo meio século de seu primeiro contato com ele, como a senhora poderia sintetizar a evolução que houve no entendimento dessa visão integral e espírita sobre o homem e também a contribuição à própria saúde?

Dra. Marlene Nobre – Nós ainda estamos para ver um desdobramento maior de toda a obra que Chico Xavier recebeu, porque estamos muito no início daquilo que poderá ser no futuro um verdadeiro monumento de transformação para a sociedade e a Ciência, mas eu digo que, sem dúvida, o Espiritismo existiu antes e depois de Chico Xavier, não há como negar, e principalmente a partir dos dois programas "Pinga-Fogo", que tiveram uma audiência enorme, e analisando hoje percebe-se a importância da repercussão que eles tiveram na sociedade brasileira da época. O Espiritismo ganhou credibilidade, veracidade, então acho que o Chico nos trouxe uma enorme contribuição, mas ainda acho cedo para mensurarmos de maneira correta o tamanho exato dessa contribuição, ainda estamos muito próximos dos fatos todos.

P. – O que a senhora pode falar sobre a estrutura da matéria reveladas em *Evolução em dois mundos.*

Dra. Marlene Nobre – Sim, que a matéria é luz coagulada, substância divina que nos sugere a onipresença de Deus, e isso está no capítulo 9 do livro *Espaço, tempo e Além*; Bob Toben tem a mesma teoria na Física, que a matéria é constituída por luz capturada gravitacionalmente. Temos um campo promissor nessa área, e o André Luiz vai ser fonte de muita pesquisa.

P. – E sobre referência ao cérebro na obra de André Luiz.

Dra. Marlene Nobre – No livro *No mundo maior*, psicografado por Chico Xavier em 1947, fala da existência de três cérebros, que ele chama de castelo de três andares, e ele diz que o primeiro andar é o subconsciente, onde temos guardados nosso passado; o segundo andar é o consciente, as conquistas atuais e presentes, nesta encarnação, e que implica o córtex motor ou cérebro propriamente dito, e o terceiro andar seria o superconsciente, a meta superior, os estímulos em relação ao futuro, aquilo que o indivíduo tem de melhor, nos lobos frontais. Qual não é a surpresa quando, em 1968, foi lançado um livro que marcou época, *Triune Brain in Evolution*, de Paul Maclean, que fala exatamente isso, que temos três cérebros, delineando-os, o que corrobora a revelação de André Luiz.

P. – O que poderia ser destacado sobre as contribuições de André Luiz para o procedimento reencarnatório?

Dra. Marlene Nobre – O processo de reencarnação é descrito de maneira mais específica no capítulo treze de *Missionários da Luz*, embora em outros livros da coleção a gente tenha informações também. Sem dúvida, há um processo para morrer e outro para reencarnar, e a descrição de ambos os processos é muito precisa. Ele diz sobre a união entre o Espírito reencarnante e o perispírito da mãe, e que ambos escolheriam o gameta masculino. Isso é importante porque até o presente momento nós sabemos que o gameta masculino é quem escolhe e, no caso, o que André Luiz diz é que ele é que é escolhido de acordo com a vibração do Espírito reencarnante e suas necessidades. Então, aquele gameta considerado o vencedor da corrida até o óvulo e que seria o mais apto, na verdade, é o necessário para a encarnação, e deve corresponder às vibrações emitidas pelo Espírito reencarnante acoplado ao perispírito da mãe. Assim, é o óvulo que escolhe. Há também pesquisas em Israel nas quais já estão chegando à conclusão que é o gameta feminino que produz uma substância que vai atrair aquele espermatozoide que entrará com mais facilidade no óvulo.

P. – E sobre o processo de desencarnação ter relação com a morte celular, o que a senhora poderia dizer?

Dra. Marlene Nobre – Foi visto, por meio de experiências, que a morte celular não está prevista no núcleo, mas que ela está mais ligada aos cromossomos da mitocôndria, e a esta André Luiz chama de bióforo; é um dos bióforos do citoplasma, onde o espírito atua. Ainda mais importante, André Luiz faz a ligação da mitocôndria com a cadeia do oxigênio no organismo, o que quer dizer que está fazendo a ligação com o prana, ou Fluido Cósmico Universal, porque quando você inspira, traz o ar para dentro dos pulmões, o que você está colocando na verdade é esse fluido, que vai ser convertido no fluido vital para o seu organismo. As mitocôndrias são responsáveis pelo metabolismo do oxigênio no organismo, que está ligado ao fluido vital. É de se imaginar que, com a diminuição do fluido vital, a morte se instale. A Ciência está chegando a essa conclusão porque na verdade, em 1996, começou-se um estudo sobre a apoptose, a morte celular. E ela acontece porque não há mais replicação do DNA, que acaba por desaparecer então. O interessante, então, é que o DNA nuclear não tem instruções específicas de destruição, e o que foi descoberto no Centro Nacional de Pesquisas Científicas da França? A diminuição do potencial mitocôndrico transmembrânico, que acaba levando à morte celular. Então, é exatamente a ordem partida da mitocôndria que leva à desagregação ou falta de DNA. Tudo se encaixa: fluido vital, metabolismo, tudo isso está agregado à mitocôndria e surge desta uma ordem para a apoptose. E tudo isso veio de um livro psicografado por Chico Xavier há cinquenta anos!

P. – Quer dizer que a mitocôndria seria uma espécie de minicentral energética entre o corpóreo e o extracorpóreo?
Dra. Marlene Nobre – Sim, porque ela produz o triptofano, que é a energia que mantém a célula em atividade e, realmente, se ela comanda a parada para a morte celular, significa que por alguma razão está faltando fluido vital, que desencadeia o definhamento do indivíduo.

P. – O conjunto de tantos subsídios trazidos pela psicografia de Chico Xavier contribui para uma terapia complementar espírita?
Dra. Marlene Nobre – Sim. André Luiz diz que a medicina exercida no mundo espiritual é muito diferente da nossa no sentido de que os médicos aproveitam a terapia energética, transmissão de fluido vital por meio de passes. Ele diz que os médicos espíritas são muito diferentes porque, como ele é mais humilde e tem um grande ideal na realização da sua profissão, ele coloca muito amor no que faz, e a transmissão de fluido para o paciente é muito grande. Então, a fluidoterapia é muito utilizada. Usam muito a hipnose e o tratamento sob hipnose; usam a revivescência dos complexos de culpa para auxiliar as criaturas a saírem daquilo que chamamos de armadilhas, maneiras sempre repetidas de construir o pensamento, então eles fazem uso de uma cirurgia mental, que vai muito contra essa mania que

temos de construir o pensamento da mesma maneira e voltarmos para o mesmo buraco, sem sair dele. Utilizamos as terapêuticas desobsessivas, importantíssimas e inimaginadas na Medicina terrestre, utilizamos a renovação do ser e, principalmente, André Luiz chama a atenção para o encorajamento à saúde — o médico deve ser sempre um mediador para transmitir ao paciente esse encorajamento.

P. – A senhora acha que a obra de André Luiz, além do livro *Vida e sexo*, de Emmanuel, traz uma nova visão e fundamentação para a bioética?

Dra. Marlene Nobre – Sim, a bioética personalista espírita é mais ampla que a bioética espiritualista, porque naquela nós colocamos um dado fundamental, a reencarnação, então o ser não é analisado apenas como iniciando sua vida a partir do encontro do espermatozoide com o óvulo, mas como um Espírito imortal que já teve várias vidas sucessivas e deve continuar a saga evolutiva. A partir disso, tudo se modifica, a questão do aborto, da eutanásia, procedimentos estes inadmissíveis em toda a obra de André Luiz, como também existem mensagens muito fortes dele e de Emmanuel contra ambas. Então, a bioética espírita se abre para um entendimento mais amplo do ser humano e nos orienta sobre o rumo a ser tomado quanto às nossas decisões. Por exemplo, a ortotanásia (não tratar mais um paciente terminal, que acaba morrendo pela doença) é tida no meio médico como a morte ideal, no tempo certo; no entanto, para os juristas brasileiros ela é vista como a eutanásia passiva. Então, é óbvio que nós, médicos espíritas, não falamos em ortotanásia, o que defendemos é a morte natural, aquela que vem naturalmente, sem interferência.

P. – No contexto da questão da eutanásia, como ficaríamos com a proposta que muitas vezes ocorre de desligamento de aparelhos em pacientes terminais?

Dra. Marlene Nobre – O médico espírita sabe bem distinguir uma coisa da outra. A vida vegetativa é aquela em que o cérebro está praticamente morto, mas existe uma região que permanece atuante, o paciente respira e tem batimentos cardíacos. Mas quando há a morte encefálica, em que não existe nenhuma estrutura funcionando, e o eletroencefalograma é plano, sem nenhum traço de funcionamento cerebral, então o médico espírita sabe o momento de desligar. O bom senso, principalmente, nos leva a preferir a morte natural, que seria o desligamento do espírito. O que o Chico Xavier nos chamou a atenção, certa vez, é que apareciam amigos dele que iriam visitá-lo em Uberaba e diziam a ele: "Chico, eu já desencarnei, mas não posso morrer, pois os aparelhos estão ligados". Então, quando os médicos espíritas querem dizer com morte natural é que também não pode haver a distanasia, insistindo nos aparelhos quando o espírito está praticamente desligado da matéria, deixar que ele quebre os laços naturalmente, sem interferência. É esse bom senso que o médico espírita precisa ter.

P. – Ainda em relação à bioética, o que a senhora poderia dizer sobre a questão do aborto ligado à ideia de concepção?

Dra. Marlene Nobre – Na pergunta 344 e em sua resposta, em *O Livro dos Espíritos*, fica muito claro que a ligação do espírito se dá na concepção. Ela é a mesma coisa que fecundação e fertilização. Digo isso porque há colegas fazendo uma distinção entre os termos, dizendo que a concepção se dá na ligação do embrião no útero, o que não é verdade. Os Espíritos nos dizem claramente que a união do espírito com a matéria se dá na concepção, na fertilização, na fecundação. E o que o André Luiz faz? No capítulo 13 de *Missionários da Luz*, quando ele acompanha o renascimento de Segismundo, fica claro para nós que, no momento da fusão dos dois gametas, em que os dois núcleos se fundem, o espírito passa a tomar conta de sua nova encarnação, ilustrando o que diz *O Livro dos Espíritos*.

P. – Dentro das terapias espíritas, a senhora teria algo a dizer em relação ao passe?

Dra. Marlene Nobre – Ele é muito importante. Estamos ainda apenas na fase embrionária de pesquisas a respeito, para mostrar a importância da transmissão energética. André Luiz, no livro *Evolução em dois mundos*, nos fala sobre o processo indutivo que o pensamento nos traz e a indução é que leva você a influenciar outra mente. Algo também importante sobre o passe, que faz a ligação entre o que André Luiz diz e a Ciência de hoje, são os biofótons, focos de energia de baixa intensidade, como se fosse uma rede luminosa que nós temos em cima de nosso corpo, e que estão sendo muitos pesquisados nos laboratórios. É outra coisa que deve sem dúvida ser estudada para, na prática, se transformar em benefício para o paciente, que é o que estamos lutando, incluir no tratamento médico contemporâneo.

P. – Há algo na obra psicográfica de Chico Xavier versando sobre o estudo da voz?

Dra. Marlene Nobre – É um estudo muito interessante. André Luiz nos traz informações sobre fonoaudiologia no livro *Entre a Terra e o Céu*. A irmã Clara, especialista em voz, nos dá uma aula sobre o assunto, mostrando que a gaguez, a diplofonia e outros assuntos relativos ao problema da voz estão estritamente ligados aos centros perispiríticos e que foram lesados pelo doente em vidas anteriores. São importantes os conselhos que ela dá para empregarmos a voz com sabedoria construtiva.

P – No século XX, a Medicina evoluiu bastante num contexto em direção à especialização. A senhora acredita que há alguma tendência de reversão dessa situação e uma visão mais ampla sobre o homem?

Dra. Marlene Nobre – Acho que é muito pouco o que temos hoje. Arnold Toynbee, célebre historiador inglês, nos diz que quando um paradigma fica cristalizado em uma sociedade surgem minorias criativas que começam a propor outros paradigmas, a fim de fugir da cristalização. Muito humildemente, nós da AME Internacional temos nos apresentado no exterior como uma minoria criativa, porque estamos propondo um novo paradigma para a saúde, em que o homem é visto como ser integral, o que vai de encontro à Medicina que é praticada hoje. Mas acreditamos que daqui para frente teremos grandes avanços, principalmente a partir de 2057, quando Emmanuel coloca como ponto inicial do terceiro milênio. Até lá, creio que a gente já terá feito avanços, mas é a descoberta do perispírito que vai nos dar fundamentos importantes para que, a partir dessa perspectiva, se conheça a fisiologia transdimencional e aí vamos compreender por que existem tantas moléstias que se desconhece a causa. Essa visão total é um caminho que se percorre para se chegar a Deus.

P. – Há espíritas que têm expressões e comportamentos que desmerecem o próprio corpo, contrariando o que André Luiz fala a respeito, de que o corpo é o primeiro e principal empréstimo de Deus. O que a senhora pode dizer a respeito?
Dra. Marlene Nobre – Creio que existem enganos no Movimento Espírita e este é um deles, de interpretação errônea dos ensinamentos que temos. Emmanuel tem também o mesmo pensamento de André Luiz e diz que devemos cuidar do corpo como se ele fosse viver eternamente e cuidar do espírito como se fosse desencarnar amanhã. Então, acredito que esse engano tem que ser corrigido, tudo aquilo que possa beneficiar nosso corpo, nós devemos fazer e seguir, consultar os médicos regularmente, tratar dos problemas de saúde, mesmo porque, quando estudamos essa obra extraordinária de Chico Xavier, descobrimos que as células conversam entre si, elas têm uma estrutura mental, aliás, isso também foi motivo de um prêmio Nobel, e que André Luiz falou vinte anos antes. O Chico intimamente nos contou que conversava com as células de seus órgãos, daí a importância de darmos boa destinação a esse enorme número de células ao nosso dispor. André Luiz nos diz que muitas vezes o encarnado é expulso do próprio corpo por não saber utilizá-lo convenientemente.

P. – O que a senhora teria a dizer sobre o fato de Chico Xavier sempre ter sido assíduo com os médicos e os tratamentos a que se submetia?
Dra. Marlene Nobre – Foi um exemplo até nisso, porque seguia regularmente tudo o que lhe era passado pelos médicos, nos inspirando a fazer o

mesmo. Ele dizia que a Medicina existe para que a gente a utilize, pois os conhecimentos que a compõem vêm por intermédio de Deus. Operou-se várias vezes, se tratou com acupuntura, tomava passe quando precisava, foi um exemplo para nós. Muitos se perguntam por que Chico foi tão doente. A doença do olho, que ele pediu para não fracassar nessa tarefa; as demais cirurgias pelas quais ele passou, quase todas foram em virtude dos garfos na barriga que ele recebeu de sua madrinha obsediada, e o problema cardíaco, como é natural, por ter sentido a dor humana durante dezenas e dezenas de anos, ter apertado a mão de milhões de pessoas; inclusive, ele teve um período de tuberculose em virtude de atender a um grande número de pessoas, tendo sido curado pelo Dr. Bezerra de Menezes. Então, as doenças, nós precisamos ver também sob uma perspectiva social, não como algo que vem de débitos passados apenas, mas que diz respeito ao próprio desempenho espiritual da pessoa encarnada. E mesmo com todas essas doenças, Chico viveu por 92 anos.

P. – Sintetizando toda a monumental obra psicográfica de Chico Xavier, que frase a senhora teria resumidamente sobre a contribuição dela para uma melhor prática na área da saúde?
Dra. Marlene Nobre – Um monumento a ser estudado, garimpado, pesquisado e que há de fazer parte dos programas das universidades futuras.

P. – Em quais países estrangeiros nós igualmente encontramos pesquisas científicas sólidas a respeito da obra de André Luiz?
Dra. Marlene Nobre – Acredito que os EUA sejam o país que mais contribuição tem dado à pesquisa, trazendo subsídios que comprovam a obra de André Luiz ou vice-versa. Então, observamos nos laboratórios do mundo todo e canalizamos e catalogamos essas pesquisas, e cotejamos com as revelações que André Luiz trouxe. Agora, nos países que visitamos, estamos dialogando com médicos, colegas que pensam da mesma forma que nós, pelo menos em linhas gerais, porque eles, assim como nós,

estão pensando na supremacia do espírito frente à matéria, o espírito é prioritário. Então, a partir daí se estabelece o diálogo, porque a imensa maioria dos cientistas não pretende misturar Ciência e Religião, e muito menos o espírito, nas pesquisas que fazem. No entanto, a nossa aliança que, em fazendo pesquisas, descobrem que existe o ser imperecível no indivíduo. São colegas que estão na Inglaterra, nos EUA, na Alemanha, colegas que, inclusive, já participaram conosco no I Congresso Médico-Espírita da Alemanha, e eles praticamente são espíritas. Mas há um fato também que deprime muito o nosso movimento, que é o fato de que o Espiritismo não goza de boa reputação, principalmente na Europa, é mais visto como algo relacionado à bruxaria, infelizmente. Quando os colegas nos ouvem falar, tomam um susto, porque estamos falando a linguagem científica que conhecem e também desconhecem, porque muitos dos avanços em pesquisa não chegam universalmente, só para aqueles que têm interesse. Assim, a imensa maioria dos colegas muitas vezes desconhece sobre aquele determinado assunto. Então, quando apresentamos esses trabalhos e as relações entre essas pesquisas e as informações espíritas, eles ficam aturdidos, de ver que existe essa correlação, e que o Espiritismo atinge uma faixa científica que eles não imaginavam. Está aí a questão da adesão deles ao movimento, porque estamos falando em uma linguagem científica.

Quando o Dr. Bezerra de Menezes apareceu pela primeira vez em 1990, ele disse: "O médico só entende a linguagem de outro médico, vocês têm que falar para eles". Então perguntei sobre o caso de eles não quererem nos ouvir, no que me respondeu: "Então fale para todos que queiram ouvir, porque os médicos serão os últimos a chegar, mas chegarão".

P. – Como foi para a senhora, uma cientista, perceber esse lado religioso?

Dra. Marlene Nobre – Eu me considero apenas uma simples divulgadora da parte científica. Em primeiro lugar, desde pequena, veio a religião. Nasci em berço espírita, não conheço outra religião, desde o culto do Evangelho no Lar, que meu pai fazia, eu sempre fui apresentada em primeiro lugar ao aspecto religioso do Espiritismo, primeiro na obra de Allan Kardec e depois na de Chico Xavier. Foi aos poucos que fui me interessando, a partir da formação da AME de São Paulo, antes eu não tinha tanto interesse nessa área. Foi a partir do momento que eu precisei montar seminários, conferências sobre determinados assuntos, é que eu tive interesse em desenvolver também esse lado. Assim, a parte religiosa veio antes em mim.

Este livro foi impresso
no Departamento Gráfico da
FEDERAÇÃO ESPÍRITA BRASILEIRA
na cidade do Rio de Janeiro
em abril de 2010.
www.febnet.org.br

PEDRO LE
DISTANCIA DE
D.PEDRO 2º-648.023